「対話」の地平から

関口由彦

首都圏に生きるアイヌ民族

草風館

目次

共に歩む者として——はじめに

六年ほど前、東京・中野にあるアイヌ料理店「レラ・チセ」でアルバイトを始めたとき、私は、文化人類学を専攻する博士課程の大学院生であった。「民族」とは何か、ある民族の一員であることはどのような感覚をもたらすのか、といったことに関心をもち、「エスニシティ論」という専門的研究分野に自らの研究の位置づけを見いだしていた。民族という一般的な日本語の語彙を「エスニシティ」という専門用語に置き換え、エスニシティとは実体として存在するのか、あるいは人々によって思い描かれた虚構にすぎないのか、非合理な感情にもとづく絆をもとにしているのか、それとも個人の利害関心にもとづいて合理的に操作される対象なのか、云々……といったことで頭をいっぱいにしながら、現代のアイヌ民族を具体的な研究テーマとして定め、北海道で調査をしなければならないと考えていた。

そこで、「何かのきっかけになれば」という思いで行ったのが、レラ・チセであった。今から振り返れば、そのとき、たまたまアルバイトを募集していたというのが、本書のもととなる調査・研究のはじまりである。このとき、アルバイトに応募した私に対して、面接をしてくれたのが、本書に登場するF氏であった。面接の折に、自分が大学院生であることを伝え、研究のこともある程度話したのだが、F氏はあまり覚えていないようだった。その後、二週間位、レラ・チセから連絡がなかった。そこで、こちらから電話してみると、F氏が電話に出て、ちょうどこれから働きに来てもらおうと思って連絡するところだった、と言われた。そのときは、そう言われたことが率直に嬉しかったのを覚えているのだが、後で本人から聞いたところによると、客商売に向いていそうにないので雇う気はなかったとのことだった。ただ、その二週間のあいだに、レラ・チセに食事をしに行き、レラ・チセについて書かれた本を買ったりしていたことが印象に残っていたのと、二週間経ってもまだアルバイトのことを忘れていなかったということへの驚きから、つい雇ってしまったのだそうだ。先日、そのF氏から、自分が北海道に帰った後にレラ・チセの店長をやらないか、という誘いを受けたことには感慨深いものがあった。研究者としてはともかく、（そもそも雇ってもらえるかどうかも怪しかった人間の）その後の仕事ぶりをある程度認めてもらえたということのようでもあり、また、レラ・チセの店長への誘いは、単に仕事が認められたということ以上の意味をもつようにも感じられる……。

ともあれ、週に三日、レラ・チセでアルバイトをするようになった。仕事の内容は、アイヌ料理を作ることではなく、ホールの仕事（お客さんの注文をとったり、その料理を運んだりというもの）であった。また、レラ・チセが参加するイベントや祭りをボランティアとして手伝ったりするようにもなった。イベントの手伝いは、レラ・チセを運営するアイヌ民族グループ「レラの会」が披露するアイヌ舞踊を見たりできて、非常に楽しいものであると同時に、疲れるものでもあった。そして、数ヵ月後、その年の夏には、F氏の紹介で、F氏の実家のある阿寒湖アイヌコタンへ行き、これ以降、断続的に阿寒湖での調査を継続することとなった。私が専攻する文化人類学という学問は、自分が生まれ育った文化から遠く離れた地の異文化に身を置き、カルチャーショックを受けることを通じて、人間の文化についての洞察を深め、人間とは何かという問いに答えようとする学問として理解されてきたといってよいだろう。私も、そのような考えを持って、北海道へ調査に赴いたのである。しかし、私にとって身近なバイト先であるレラ・チセもまた、異質な文化的現象の生じる場であることを身体的な感覚として理解するのに、さほどの時間を要しはしなかった。

一見する限り、レラ・チセに集うアイヌの人々は、東京で生まれ育ったいわゆる和人（アイヌの人々も国籍上は「日本人」であるため、多数派の日本人のことを一般的にこのように称する）である自分にとって、生活様式等に関して異質な文化を感じさせる存在ではない（もちろんレラ・チセには「異文化」を感じさせる料理があり、多くの伝統的な祭具や民具も置かれているが、それが普段の仕事や生活の中で当たり前のように食されたり、用いられたりすることはない）。これは、私に限らず、多くの「日本人」にとっても同様であろう。しかし、いったん内に入ると、そこには、奇異な感じをもたらす言葉（「アイヌだから」「アイヌ時間」「ウタリ割引」……）に溢れ、自分にとってその心中を察するに余り有る様々な経験をもつ人々の織りなす空間が広がっていたのである。そのレラ・チセという場に入ることによって、遠く離れた地に異文化があるという頭の中の図式が、目の前で起こっている具体的な出来事を通じて、実感として崩れ去っていくのを経験せざるをえなかった。それによって、目の前のアイヌの人たちが、日々の生活において自分と似たところの多い存在であり、日常的な感覚に関して共通するものを多くもつ同じ人間であると同時に、言葉で言い表わすことのできない、計り知れない経験をもつ異なった人々としても見えてきたのであった。そして、このような人たちが紡ぎだす生の〈声〉に触れることによって、頭の中の「エスニシティ」をめぐる抽象的な思考が、具体的な経験に根ざした直接的な言葉の響きの中で練り直され、肉付けされていくのを感じていた。

やや前置きが長くなった。本書は、このようなレラ・チセでのアルバイト（兼・調査）の経験を通じて、私がつながりをもつことのできた、首都圏で活動するアイヌの人々自身によるライフストーリー（自らの人生の歩みを振り返る物語）の語りを集めたものである。首都圏でのアイヌ民族の権利回復のための運動や、文化伝承の活動に携わるアイヌの方々に、自らのこれまでの歩みを振り返って、語っていただいた。この聞き取りは、二〇〇五年の五月から約半年のあいだに行なわれ、計一三人の方々からお話を聞くことができた(1)。また、本書は、私の博士論文「対話とエスニシティ――首都圏におけるアイヌ民族の文化・社会運動の日常性」（二〇〇六年度、成城大学文学研究科提出）を大幅に加筆・修正したものでもある。

アイヌ料理店「レラ・チセ」は、アイヌ民族グループ「レラの会」が、東京にいるアイヌの人々にとっての「心のよりどころになる場」が欲しいという訴えかけを多くの集会で行ない、全国的な募金活動を展開した結果、一九九四年に、東京・早稲田に開店した（二〇〇〇年に中野へ移転）。そこは、第一に、東京に出てきたアイヌの人々が気軽に立ち寄って、仲間同士、お互いの顔を見せ合うことで安心し、身を寄せ合うことのできる場である。また、そこには新しい出会いもあり、人間同士のつながりが広がっていく場でもあった。そこに集る人々のそれぞれの思いに関しては、本書が収録している個々の語りに耳を傾けていただきたいと思う。私が実際に経験していた範囲でも、仕事帰りや、何かのイベントの帰りなどに寄ってくれる人が多かった。それらの人々は、レラ・チセの「身内」であり、特に用事がなくとも仲間の顔を見に来るという人が大半であったように思う。と同時に、もちろん、アイヌ以外の多くのお客さんにも来ていただいており、そこでは、さまざまな出会いが生まれている。「イタク・チセ」というレラ・チセ内で行なわれているアイヌ語の勉強会は、アイヌ文化に興味をもったお客さんなどが自由に参加できる集まりである。また、沖縄の人々との出会いから生まれたチャランケ祭り（東京・中野で毎年一一月開催）は、すでに一四回を数えている。

私も、このようなレラ・チセという場で、多くの出会いに恵まれることによって、本書を著すことができた。本書は、あくまで、レラ・チセという場を介した多くの人々とのつながりなくしては生まれてこなかったものであることを、あらためて強調しておきたい。その出会いは、レラ・チセというお店の内に留まるものではなく、「レラの会」以外の、首都圏のアイヌ民族グループである「関東ウタリ会」「ペウレ・ウタリの会」「東京アイヌ協会」に参加する方々にも、お話を聞くことができた。「レラ・チセ」の「レラ」は風、「チセ」は家を意味するアイヌ語であるが、そこには、アイヌ文化がレラに乗って広まるようにという願いがこめられている。本書の中のアイヌの人々の〈声〉もまた、レラに吹かれて多くの人々の許に届くならば、レラ・チセに関わる一人の人間として、それに勝る喜びはない。

この序文の以下の部分では、本書全体を貫くテーマについて説明しておきたい。ただし、すぐに、首都圏で活動するアイヌの人々の〈声〉に触れたいという方には、この部分をとばして本論にすすむことをお勧めしたい。その後で、あらためて、現代のアイヌ民族について考えるためのとっかかりとして、この部分に戻っていただくこともできるだろう。

本書の目指すものは、首都圏でアイヌ民族の運動を展開する人々が、同時に日常の生活を営む存在でもあるという当たり前の事実を、あらためて肌で感じることである。先ほど、私は、レラ・チセでのアルバイトの経験から、身近な場所にも異文化があることを体験から理解できたと言ったが、そのことは、レラ・チセに集まるアイヌの人々を自分とまったく違う存在として見るということではない。たしかに、彼（女）らは、アイヌ民族の権利回復の運動においては、日本の国家による暴力を被ってきた歴史を持つ「被害者」や「弱者」であることを主張し、また、文化伝承の活動においては、日本人とは異なる独自の文化をもった「アイヌ民族」として姿をあらわすが、普段から、常にそのような型にはまった「異なる」存在として生活しているわけではない。

明治以降、日本が近代国家としての体裁を整え、北海道を植民地化（「開拓」）していく過程で、アイヌ民族に対して同化を強制することによって、アイヌ民族の生活と文化を暴力的に破壊し、さらに、今なおアイヌ民族を同化の圧力にさらしているという事実は、厳然として存在する。これには、疑問をさしはさむ余地がない。しかし、彼（女）らが運動の場を離れれば、自分たちと同じように、多くの矛盾する感情を抱えながら、身をけずる努力やしたたかな計算、そして繰り返される妥協によって、日々の生活をしなやかに生き抜いていく「普通の人間」であるということもまた、動かしがたい事実であろう。自分と彼（女）らが同じ「普通の人間」であるということに由来する共感と、安易な理解を拒むような異なる経験に由来する「理解しがたさ」のはざまで、本書は、首都圏のアイヌの人々の日常的な歩みに、できる限り近づこうとした試みである。

「理解しがたさ」は、日常を生きる「普通の人間」には必ずついてまわるだろう。それは、運動の場で主張される「アイヌ民族」像や「弱者」像からはみ出してしまう部分がもつ不透明さである。安易に見ることを拒まれるその部分に触れるためには、不透明な膜の向こう側に、実際に自分の手をさしいれてみるしかない。自らの手の汚れを厭うことなく、さしいれた手の先に触れるものは、これまで、なかなか聞き取られにくいものであった生身の人間の日々の生活そのものである。私が聞き取ったL氏の言葉を先取りしてみよう。L氏には、研究者の書いた汚れなき「きれいな文章」で、それぞれの人の「思い」が伝わるのだろうかという疑問がある。そして、次のように語ってくれた。

なんて言っていいかわからないけど、たとえば私のことに関していえば、これといって、たいしておもしろい話ではないと思うの、あの、いじめられたとか差別を受けたっていうはっきりしたものがなくて、ただ漠然と私は嫌だったっていうだけで、で、嫌だ嫌だって言ってきてて、ハッキリした理由もないのにね、ただ最近になって、急に楽しくなって参加しだして……。

ここでL氏のいう「おもしろい話」とは、「きれいな文章」と同様、差別を受ける「弱者」というわかりやすいモデルに基づくストーリーのことであると思われる。ここには、そのようなストーリーで表わすことのできない漠然とした思いを、何とか言葉にしようとしてくれた真摯なL氏の姿がある。

また、ある講演のなかで大谷洋一は、アイヌの人々を「弱者」や「被害者」としてのみ見なしている和人（シャモあるいはシサム）の姿勢を、痛烈に批判している。

僕らの集会に来るシャモを、逆に僕の方からも観察させてもらっています。そうすると、「アイヌに同情することによって、善人としての自己存在をアピールする場」を見つけたと考えて喜んでるシャモ（和人）が多いように感じます。アイヌが語る普通の生活話は退屈そうな顔をしてるくせに、差別話になると目が生き生きして身を乗り出す。そのシャモが何かすごいことをやってる満足感を得るためには、できるだけアイヌの生活や歴史は悲惨な方がやりがいがでてくるらしい。アイヌに対しては、いつまでも「自然保護」を叫ばせて「革命」を目指すことを押しつける。こんな人達に「共に生きよう」みたいに言われると気持ち悪くなってきます［大谷 1997: 44］。

このような大谷の実感のこもった言葉を噛みしめ、本書は、「理解しがたさ」が常につきまとう「普通の生活話」に耳を傾けることから、首都圏の運動に携わるアイヌの人々の歩みに触れたいと思う。

本書が収めている語りの中で、型にはまった「アイヌ民族」「弱者」「被害者」といった言葉が聞かれることはほとんどなかった。それらの言葉は、個々の語り手の具体的な生活の経験の中で、独自の意味を与えられていたのである。「アイヌ」といった言葉の響きの中に何を感じ取るかは、それぞれ経験の異なる語り手によって違ってくる。これは、当然、差別を受けた経験のありようによっても変わってくるものである。そして、そのような言葉の日常的な意味づけは、首尾一貫しないものであるどころか、矛盾を恐れることのない柔軟なものとなっていたのである。このようなたくましい柔軟性こそが、厳しい状況の中に置かれてなお輝きを失うことのない、語り手たちのしなやかな生活の営みを生み出してきたといえよう。あいまいな意味づけがもつ弾力性は、日々の生活を強く支える土台を成している。たとえば、A氏という語り手は、後に詳しく見ていただくように、「アイヌ」というものに対して、「好き」と「嫌い」という正反対の感情が両立するような複雑な感覚を抱いて、一貫することのない多様な経験を形づくってきたのである。

自らの具体的な日常の経験にもとづいて感じ取られる言葉の意味は、型にはまった言葉のように、「きれいな」一つの意味を持つことはなく、柔軟なあいまいさと、それゆえの力強さを帯びている。そして、本書の後の部分の語り手たちの言葉が示すように、柔軟な意味づけや、それに基づくしなやかな行動は、そのつどの生活の状況の中で、目の前にいる生身の人間（それは想像の中の人物かもしれないが）とのやりとりの内から生じてくる。逆からいえば、生身の人間同士の生活上のつながりの中からあらわれる言葉の柔軟性が失われる時、「アイヌ」等の言葉は、型にはまった平板なものとなり、日常の現実への対応力を失う。

では、そのような人々の柔軟な語りや生活の営みに触れるには、そこにどのように接近すればよいのだろうか。ここで再び、先に取り上げたL氏の言葉を心に留め置きながら、けっして「きれいな文章」で書き尽くすことのできない語り手たちの「思い」に近づいていくための姿勢について、自戒をこめて問い直したい。考えを深めるための水先案内として、ここでは、哲学者ミシェル・ド・セルトーのいう「見る者」／「歩く者」という区別［ド・セルトー 1987: 199-232］を取り上げてみよう。

マンハッタンの世界貿易センターの最上階から地上を見る者は、眼下に広がる街路のざわめきから身体を引き離し、下界を一望する高みに飛翔する。自らのあずかり知らない掟に突き動かされるままに街路を歩く者たちのすさまじい喧騒から抜け出した者は、神のまなざしを得て、「全体を見る」歓びに酔いしれる。自らが世界を一望し、全体を読むことのできる点に立っているという、「見る者」の自負こそが、知のフィクションである。この見る者のフィクションが、手に負えない世界のざわめきを、読むことのできる透明な意味の空間に変えてしまうのである。もののざわめきに満ちた、フィクションではない「歩く者」たちの日常生活は、見る者のまなざしが途絶えるその先に存在している。神の目の届かない場所で、歩く者たちの柔軟な日常の営みが繰り広げられている。その日常の営みは、「抱きあう恋人たちが相手のからだを見ようにも見えない」のと同様、見ることを手放している。しかし、それゆえに身体の豊かな感覚をフルに活かした営みは、見る者の知識をはるかに凌駕する豊穣な生活の知を示すであろう。

全体を見渡すことのできる神の視点をもっている、すなわち現実を客観的に正しく把握している、という見ることのフィクションを脱ぎ捨てることによって、私たちは、日々の生活を柔軟に営む者たちと同じ地平で、共に歩むことが可能になると言いたい。言い換えれば、一つの意味を固定された「弱者」「被害者」「自然と共に生きるアイヌ民族」の姿のみを映す見る者の目を手放すことによって、日常生活の場での私たちの協同的な歩みがはじまるのである。本書は、そのような生活の地平を共に歩む者として、ライフストーリーの語り手たちと対話をしていく試みである。それは、語り手という人間の全体を見ることなく、目の前で弾力豊かに躍動しつづける生身の人間の「理解しがたさ」、捉え切れなさといったものを、自分の身体が感じ取るままに了解しようとしつづけることである。知をもって理解することよりも、自らの身体を投じて、語り手の存在を間近から体感しようとすることを、本書は目指してきたのである。より具体的には、ともすれば平板化しがちな「アイヌ」等の言葉を、日常の中で柔軟に意味づけ、それに基づいてしなやかに生きる人々の語りに、耳を傾けることである。それらの〈声〉を聞き手が再び平板化させないように、ときには矛盾する〈声〉をそのまま受け取り、その〈声〉に寄り添うことが、そこでは大切であろう。

見ることへの依存をやめ、歩く者の身体的な感覚を取り戻すことによってのみ、語り手たちの柔軟な生に近づくことができる。生身の人間との出会いによって、自らが当然のように持っていた平板な理解が崩されていく。それは、語り手たちの心の中で起こっていることのすべてを理解することはできないという、ある意味で当然の事実に突き当たることでもある。このことから、彼（女）らは、見る者が作り上げた型にはまった「アイヌ民族」「弱者」「被害者」といった平板な言葉によって、自らの生の営みが切り詰められてしまうことに抗しているのだともいえよう。それらの言葉は、生活の営みの中で独自の意味づけを与えられ続けているのであり、私たちは、それに触れることによって、自らの平板化しがちな理解を崩されざるをえないのである。また、語り手たちは、矛盾を恐れることなく、語りえないものを語ろうとしてくれたが、ある人は、言葉を探しながら涙し、語りえないものの前で沈黙した。それは、型にはまった平板な言葉ではけっして近づくことのできない語り手たちの経験が、不透明ではありながらも確かに存在しているのだという事実に、私たちの目を向けさせてくれるだろう。共に歩む者として対話をするということは、平板化しがちな言葉ではけっして捉え尽くすことのできない、人々の言葉のしたたかな働きに目を向けながら、それでもなお、それらの営みを理解しようとして、自らの言葉を紡ぎ続けることだ。それはけっして完結することのないプロセスであるが、私たちは自らの言葉の無力さを嘆く必要はないであろう。永続する対話とは、常に新しい理解が生み出されていく創造的な現場でもあるからだ。そこには、差別的な認識を解体するチャンスが秘められている。「レラ・チセ」をはじめとする、あらゆる日常的な出会いの場において、私たちはこのような対話を開始するチャンスを与えられているのだ。

　これまで述べてきたことから、語り手たちの柔軟な日々の生活の営みに注目したいという本書の意図が、ある程度伝わったのではないだろうか。矛盾を帯びたあいまいな言葉が生み出され、それゆえに「理解しがたさ」が常につきまとう日常の生活とは、一つのかたちに固まることのない水の流れのような流動性を持っている。それは、矛盾のない首尾一貫した論理を要求される運動の場とは異なる性質を帯びている。その意味で、運動の論理の世界と日々の生活の世界は、切り離されている。しかし、日々の生活が、そのような論理の世界からまったく独立して存在しているかといえば、そうではないだろう。なぜなら、本書の語り手たちは、それら二つの世界を巧みに往復しているといえるからである。彼（女）らは、一方で、運動の場においては、「弱者」「被害者」としての「アイヌ民族」という型にはまった言葉を用いて一定のストーリーを語り（あるいは、それに賛同し）、他方では、それらの平板な言葉では語り尽くせない感覚をもって、日々の生活を営んできたのである。

この点について、もう少し掘り下げておこう。一九九七年には、「アイヌ文化の振興並びにアイヌの伝統等に関する知識の普及及び啓発に関する法律」（通称、「アイヌ文化振興法」）が制定されたのだが、その制定を求める運動の過程では、日本の国家とアイヌ民族をめぐる歴史の認識が、アイヌ民族側から問い直されていたといえる。アイヌ民族の最大組織である社団法人北海道ウタリ協会の一九八四年の総会で、「アイヌ民族に関する法律（案）」が採択され、以後、この案文にもとづいて、新法制定運動が展開されていった。その法律案の前文では、「日本国に固有の文化を持ったアイヌ民族が存在すること」が認められ、その「誇り」が尊重され、「権利」が保障されることが目的とされた。そして、「アイヌモシリ（アイヌの住む大地という意味のアイヌ語で、北海道、樺太、千島列島を含む）」の「先住民」としてのアイヌ民族は、明治維新によって近代国家として歩みはじめた日本によって、アイヌモシリを一方的に領土に組み入れられ、住むための土地を奪われるとともに、狩猟・漁労といった生業を禁止されたため、「生存そのものを脅かされる」にいたるが、さらに「同化」政策によって「民族の尊厳」までも踏みにじられた、とされる。この前文の最後には、結論として、「アイヌ民族問題は、日本の近代国家への成立過程においてひきおこされた恥ずべき歴史的所産であり、日本国憲法によって保障された基本的人権にかかわる重要な課題をはらんでいる」と述べられていた。このような歴史の認識にもとづいて、アイヌ民族問題の解決が「政府の責任」であり、「全国民的な課題」であると主張され、歴史的暴力への補償としてのアイヌ新法の制定が求められたのであった。

このように、新法制定運動においてアイヌ民族が政府につきつけた歴史認識には、「日本人」／「アイヌ民族」、「加害者」／「被害者」といった対立がはっきりと見出される。そして、そのような歴史認識の論理にもとづいて、首都圏においても新法制定のための運動が展開されていったのである（一九九二年、「アイヌ新法早期制定・東京アピール」）。本書のライフストーリーの語り手たちは、この運動を担った人々である。運動の場において、彼（女）らは、運動の論理を形づくる「日本人」／「アイヌ民族」、「加害者」／「被害者」といった生活の実感を伴わない言葉を用いたり、それに賛同したりしていたのである。しかし、それにもかかわらず、すでに再三述べてきたように、彼（女）らは日々の生活を営む「普通の人間」でもあった。後に紹介するD氏は、ある一時期、首都圏での運動の場で、「日本人」とは異なる独自の文化をもつ「アイヌ民族」であろうとすることに、ある種のむなしさを感じるようになってしまった。

別にすべて知らなくても良かったのに、アイヌだから知っておかなくちゃいけないなんて、ねぇ。アイヌの言葉や、歴史や、その他もろもろを知っているプロフェッショナルアイヌに一生懸命なろうとしていたのかも。あるイベントで踊ってたんだけれど、急に空しさしか感じなくなってた。アイヌ文化の普及・啓発にはなるのかもしれないけど、私には何も残らないって思うようになってしまったんだよね。

イベントで踊ることにむなしさを感じるD氏の姿は、型にはまった「アイヌ民族」という理解をすり抜ける「普通の人間」の姿である。

一方では、差別的な現実の状況を変えていくために、生活の実感を伴わない型にはまった言葉を用いて、運動の論理を主張しつつ、他方では、それらの言葉の平板化に抗する日常を生きていくこと。その往復運動には、生きることが楽ではない厳しい現実を何とか生きていかざるをえない人々の、やわらかな対応力とたくましさがある。それは、見ることに依存しがちな私たちが学ぶべき（取り戻すべき）、生きる力と言っても良いだろう。見ようとすればするほど見えなくなるものは、共に歩む私たちもまた生きているはずの、日々の生活のなかに宿っている。

最後に、冒頭で述べた、「民族」をめぐる私の問題関心に立ち戻ることで、序文のむすびとしたい。誰もが営む日々の生活に着目するという観点から、「民族」をめぐる新しい理解が生み出されてくるということを言っておきたい。現実の日常生活の中で、アイヌ民族という集団や、その一員であるということは、その時・その場の個々人の生活の状況に応じて、柔軟かつ巧みに意味を与えられ、多様なかたちで協同的に思い描かれている。その柔軟な意味づけを生み出す豊かな想像力こそが、日々をたくましく、しなやかに生き抜く人々の原動力となる。ただし、ここですぐに断わっておかなければならないことは、アイヌ民族というものが、人々の心の中で思い描かれる単なる虚構ではないということである。アイヌ民族という集団は、現実を生きる人間同士のつながりをベースとして、日常の中に存在しているのである。その人と人とのつながりは、他者を見ることに基づく関係ではなく、共に歩む者同士が生み出すやわらかな関係である。そのつながりの中で、自らをアイヌとし、お互いをアイヌとして認め合う人々の集団を、日常を生きるアイヌ民族として理解することができる。

言葉をかえれば、まず先に、生身の人間同士のつながりがあるのであって、お互いをアイヌとして見るものではないということである。日常を生きるアイヌの人々は、そのつながりの中で、自らのアイヌとしての存在を柔軟に捉えなおしていける人々なのである。「民族」は、けっして、人々を一つの均質な人間の集まりとして成型する鋳型のようなものではないし、また、そのようなものとして日常生活のなかで理解されているわけでもない。日常生活の中に見いだされる「民族」とは、生身の人間同士の生活上のつながりをベースにして、お互いをその一員として認め合う人々が織りなす、やわらかな境界をもった集団として考えられる。そこでは、常に新たなつながりが生まれ（時には消滅し）、境界が伸縮し続けている。すなわち、躍動する生命をもっている。したがって、私たちもまた、何らかのかたちで、そこにつながることができるかもしれない。

第一部　歩み続ける者たちの日常

第一部でとりあげる語りは、世界を一望する神の視点という見ることのフィクションに頼ることのない歩く者たちの日常的な営みに焦点を当てるものである。言い換えれば、運動の論理の次元において見出される一つの意味を固定された「弱者」「被害者」といった言葉では捉えきれない生身の人間の実践に触れようとする。日常を歩み続ける者たちは、神の視点を手放しているがゆえに、生活上の多様な条件に合った融通無碍な実践を生み出していくことができるのである。

一　踊りの力

A氏は、一九五六年、釧路・春採《はるとり》生まれの女性で、アイヌ文化の伝承を中心的な活動とする「レラの会」会員。現在、レラの会が運営するアイヌ料理店「レラ・チセ」（東京・中野）のスタッフとして勤める。まず、幼少の頃の生活のなかでの「アイヌ文化」との関わりについて、A氏は次のように語る。

春採はアイヌが多かった。私が知っている限りでは、半分以上がアイヌだったと思うよ。私が小学校低学年くらいの時、和人が急に増えて、アイヌの場所が狭くなってってたんだよね。それまでは、隣もアイヌで、その隣もアイヌで、またその隣もアイヌでって感じで、けっこう多かったの。お母さんが、近くの生活館に毎日木彫りしに行ってた。そこで山本多助（2）（祖父）が協同組合の会長かなんかやってて。私も小学校の帰りとか、よく行ってたからね。でも、その時は、アイヌってものがわからなかったから、ただ見て、お母さんが帰る時間まで待ってたり……。踊りはね、まだその頃は見てない。ただ帰る途中に、山本多助の家で、私のおばあちゃんが、十勝からとかお客さんが来るとよく踊ったりしてたのは見た。楽しく踊ったりしててね、それがね、「何なんだろう」っていうのがあって、皆お酒飲んでてね。その時、今でも覚えてるんだけど、皆が座ってて、そのうち何人かが立って手をはたき始めて、それで、うちのおばあちゃんが歌いだしたら、皆が踊りはじめたんだよね。あっけにとられて、ずうっと見てたんだよ。私が小さい時は、いじめられるまで、自分がアイヌだってことは全然わからなかったの。だから、本当に、いじめられるまでアイヌの何かを感じたりすることもなかったし、自分は普通の人と同じだと思ってたから。いじめられてから、「ああ、あれはアイヌの踊りだったんだな」とか思ったりね。その時は衣装着て踊ってたわけじゃないの。民族衣装は、山本多助のところで何度も見てるんだけどね。でも、いつも飾ってあるものだし、何百回も見てるのに、飾り物だとしか思わなかったから、あとになって「そうだったんだな」って思うんだけどね。本当に悪いんだけど、アイヌのことに関しては、自分がアイヌだって知らなかったから、全然興味もなくて、みんなと同じ生活だってずっと思ってたの。自分がアイヌだって気づいた時でも、まわりには自分がアイヌでも絶対に認めない家も多かったよ。

祖父の家で見た踊りや民族衣装を、アイヌ民族の文化として理解していなかったという。そもそも、「自分は普通の人と同じだ」と感じ、「民族」の違いが意識されていなかった。それが意識の対象となるきっかけが、「いじめ」であった。

アイヌが多い小学校だったんだけど、その二年生くらいでいじめられたから、そこでアイヌだって知って、アイヌがすごく嫌で……。「アイヌ！」ってアイヌも言ってくるんだよ。たぶんね、自分もいじめられたくないわけでしょ。

アイヌであるがゆえの「いじめ」は、A氏に対して、自らがアイヌであることの意識を促していった。A氏の自己意識は、「アイヌがすごく嫌」という感覚と結びついていたが、それは、曾祖母を見たときに感じていた気持ちと結びついていたと振り返る。

幼稚園から小学校くらいまで見てたんだけど、私のひいおばあちゃんなんだけど、口に入墨してて、とにかく髪クシャクシャで、丹前を着てて、砂利道の道路をね、私のお母さんのところに来るのに、歩けないから、手を使って反動つけて歩いてたの、引き摺って。それで、いつもね、怖くて隠れてたの。今考えると、あの時、手を差し伸べてあげればよかったのに……。

A氏の自己意識としての「アイヌ」という言葉には、「いじめ」や曾祖母を見た経験に由来する独自の意味づけがなされている。

A氏は「とにかくアイヌから逃げたい」と思っていたと語る。

それでね、小学校二年生でいじめられた時には、もうお母さんがいなかったんだけど、お父さんはおとなしい人でね、相談することもできなくて自分で闘うしかなかったの。それで、その頃家も急に貧しくなってね、おばあちゃんが石炭ストーブで煮物を作ってくれたりしてたんだけど、とにかくね、大きくなったら早く家を出たいって。いじめられるきっかけはね、二年生の時に姉が朝のテレビにアイヌの踊りで出たの。それで、その日から学校に言ったら、お前はアイヌだ、

アイヌだ、って。その「アイヌ」って言葉の意味がわからなくて。アイヌって言葉は聞いてんだけど、意味がわからなかった。そこから毎日毎日いじめられるようになって、最後には、「犬」とか、「家の前通るな」とか。しかもね、アイヌが言うんだよ、そういうこと。私ね、今ではこんな感じだからわからないだろうけどね、私、小さいとき物しゃべらなかったの。今と全然違うの。私、誰にも相談してないと思う。ただいじめを受けて、三年生からあまり学校に行かなくなったの。おばあちゃんは優しいから泣いて「学校に行ってくれ」って言ってたんだけど、それでも行かなくて。中学生になってからは、最初、はりきって行ってたの。でも、中学生もね、いじめられることはなかったんだけど、なんで行かなくなったかっていうと、姉が中学卒業してすぐに水産〔加工場〕に行ったの、それで、学校の先生が姉を知ってて、「姉さんどこに行ったんだ」って言うから、「水産加工場です」って言ったら、みんなに笑われたの。それで、次の日から行かなくなって。なんで学校に行かないんだって聞かれても、「なんだそんなことか」って言われるのが怖くて言えなかった。その頃はとにかく言葉が怖かった。

小学校や中学校での経験を通じて、アイヌとしての自己を否定する意識を持たざるを得なかったその頃のA氏には、アイヌ民族のことへの関心が「全然なかった」。しかしながら、次のような語りには、「アイヌが嫌い」という感覚によって一貫することのないA氏の複雑な内面が見出される。

社会科の時間にさ、アイヌのことやる時に先生にわざとあてられて、「わかりません」って言ったら、「お前、アイヌだからわかるんじゃないのか」って、他に何人もアイヌいるのにさあ。ただ、毛深くて、彫りが深いのがアイヌなんだなっていうふうにだけ思ってて、でもアイヌの踊りの練習だけは、なぜかやってたんだよね。山本多助の指導のもとに。半分は嫌だった。後ろの方にいると、「前の方に来い」って言われて、爺怖いから、出て行って、そうすると長い棒でバシンって叩かれて、「足が違う」とか。で、そこから身に付いたっていうか、染み付いたっていうか。小学校の五年生のときに、釧路の桂恋《かつらこい》っていうところで、アイヌが嫌いのくせに、ちゃっかり衣装着て踊りやってモデルやってるんだけどね。でも写真撮らせても、いつも絶対笑ってなくて、眉間に皺寄せて。「笑って」って言われても笑えなかったのが、今でも「何でだろう」って残ってて、やっぱりひねくれてたんじゃないの。普通の人に言ってもわからないと思うけど、やっぱりいじめが、あれだけのことをされたってことが、自分にはすごい堪えてるんだと思うよ。あと、まりも祭り(3)の時とかは妹と衣装借りて、毎年参加してた記憶はあるの。阿寒湖アイヌコタン(4)におばさんがいて、けっこう呼んでくれたりして、ちょくちょく行ったりしてたの。遊びに行って、ちょっとお店手伝ったりして。それは楽しかったの。

「いじめ」の経験等から「アイヌが嫌」だったにもかかわらず、祖父の指導のもとで、アイヌ民族の踊りの練習をしたり、民族衣装を着て「モデル」をやったりしていた。また、阿寒湖のまりも祭りには妹と一緒に毎年参加し、楽しかったという。阿寒湖はアイヌ民族というものを前面に出した観光の盛んな場所であるが、それに抵抗を感じることもなかったという。「ただ、お風呂かどこかで、知らない人の体見て、それがあまりにもすごくて、『キャー』って悲鳴あげたことはある。そういうことしちゃいけないんだけどね」。このように、A氏にとってアイヌというものは日常生活の様々な出来事や要素と結びついているため、アイヌというものへの感覚は、けっして平板なものになり得ず、豊かな柔軟性を帯びたものであった。

バスガイドになることが夢であったため、バス会社の就職試験を受ける。A氏はその試験には合格したのだが、自分の声を録音して聞いたりするためのテープレコーダーを買えなかったために、バス会社への就職を諦めざるをえなかった。

それで、中学卒業してから、阿寒湖畔で夏働いて、そこからね、アイヌのことについて覚えたりしてね。その時ね、宣伝に行ったりするのね、お客さんに来てもらうために。硫黄山でね、もしバスの団体さん掴まえたら、バスに乗るの。で、自己紹介とか案内とか、そういうのやるのがすごい楽しくて。アイヌ語の「まりもの歌」も覚えて、それもやったんだよね。だから、それが一歩、アイヌに踏み出せたのかなぁとか。それから、山本多助の店で働いたんだよね。そこで、姉と二人で働いて。私はアイヌ語知らなかったんだけど、爺がアイヌ語使ってて、そこからもいろいろ知ったんだよね。笑いながら、アイヌ語で何か言ってて、私はほめられてると思ってたんだけど、あとでおばあちゃんに聞いたら、それは「そそっかしい」って意味だって言われたんだよね。小学校の時から踊りはやってたんだけど、アイヌってことについては知りたくないっていうのがすごいあったわけだから、アイヌ語なんてもちろんわからないし。とにかくね、自分がアイヌだってのは、そのくらいの頃から言い始めてね、でもそこを抜けると、また言えなくてね。

ここにおいても、日常の柔軟な実践が見出される。「アイヌってことについては知りたくない」

と思っていたA氏が、バスに乗って観光案内をすることを楽しみ、それをきっかけにして「一歩、アイヌに踏み出せた」と感じるようになり、アイヌであることを言えるようになるが、その後再び、アイヌであることを否定的に捉えるようになるのである。

その後、A氏は阿寒湖で結婚する。その時、「アイヌを嫌って」いた相手の家族から、アイヌコタンに行ってはいけないと言われた。A氏は、アイヌのことが嫌いだったにもかかわらず、コタンに踊りの練習をしに行っていたのである。そして、踊っているときは「楽しかった」。当時の、アイヌというものに対する首尾一貫しない感覚については、A氏自身、いまだに「わからない」という。具体的な生活の経験に基づくアイヌというものへの意味づけにおいて、「嫌い」と「好き」は両立した。これは、日常の世界を歩く者の感覚であるといえるだろう。

一六から一七まで、山本多助の店にいて、そこで知り合った人と付き合って、一七で子どもができて、阿寒で結婚したんだけど、とにかく相手の家族がアイヌを嫌ってて、コタンに行ってはいけないって。コタンの外の山本多助の店の並びにお店があって、そこにお嫁にいったんだけど、とにかくコタンに行っちゃいけない、アイヌと仲良くしてはいけないって。コタンなんかに行って帰ってくると、その日のうちに説教受けて。だから、隠れて行ってたよ。子どものころから、アイヌってことでいじめを受けて、アイヌっていうのが嫌いなはずなのに、なんでね、自分が踊りの練習に出てたか、いまだに自分でもわからないところがあって。アイヌから逃れたいと思いながら、アイヌのことにはかかわり続けて。多分ね、好きだったんだと思う。そのときにはね、もう踊りが身についてたっていうか。踊ってる時は、楽しかったたし。

A氏は説明しえない、踊りをやる動機を「血が騒ぐ」と表現する。そして、「自分はアイヌだから」といった論理に基づいて踊りをやっていたわけではないと語る。

私の場合は、「血」だと思うよ。血がさわぐっていうか、今でもそうなんだけど、踊った後は体全体がガクって疲れるのに、踊っている時は、本番でも練習でもそうなんだけど、手を抜いて疲れないように踊ることもできるんだけど、やっぱり私はそのままの全力の踊りなんだよね。家に帰る時にもう体が痛くなってて、「あっそうだ、もっと疲れないようにやればよかったんだ」って思うんだけど。だから、「血」って怖いなって思う。きっと、私の中にそういう「血」が流れてて、それが踊りになると嬉しい気分になって、何もかも忘れて踊ってるんだなって。普通は自分はアイヌだからこれをしなきゃいけないとか、あれを知らなきゃいけないとか考えるでしょ。でも私はそういうことを考えずに、ただ踊ってたっていうのは、やっぱり「血」が騒いでたって思うんだよね。だから、私は、二一の時に二回目の結婚してるんだけど、その人は白糠《しらぬか》の人でシャモだよ、そこでも私にアイヌの血が入ってるっていうのですごく嫌われた。それでも私は白糠でアイヌの行事があると行ったりしてたんだよね。でも、そのうちに、家の中の仕事をしたり、料理をしてたりしてたら、本当の親子関係になれたの。その旦那は、踊りに出るなとか、アイヌと仲良くするなとかっていうことがなくて、むしろ踊りに出てもらいたかったの。そういうところはすごく協力的な人だったんだよね。それで私も、釧路のお祭りで同級生とか来てても、アイヌの踊りを堂々と踊ってた。その前は、とにかく嫌だったの。自分がアイヌで、そういうのを見られるのが。中学校の時も、踊り自体は好きだったの。だから、お祭りを見には行ってたの。でも、踊りに出たら、小学校の時みたいにいじめられるのがわかってたから出られなかったんだよね。だから、踊りはずっと好きだったんだよね。何が好きっていっても、アイヌの踊りが大好きで。いや、「好き」でなくて、「燃える」の。「血」がさわぐの。あのね、これがアイヌ民族の大事なものでっていうのを考えてたらね、どっかで手も抜けるし、しっかりやってなかったと思う。踊りになると、腰の痛みがなくなって、貧血もあるんだけど、それも大丈夫になって。その時は自分の体が勝手に動いて舞い上がって踊ってるんだか知らないけど、すごい悩み事を抱えてても、多分踊りやってる間はね、消えてると思うの。で、そういうものを、踊りを神様が私に持たせてくれてるんだなって思うんだよね。

A氏にとってその「血」は、母親から受け継がれたものとして捉えられている。

お母さんが亡くなったのがきっかけなんだけど、なんでね、お母さんが「ここが痛い、あそこが痛い」って言いながらも、あれだけの声がでたのかなって考えたら、お母さんもアイヌでしょ、それで私もアイヌでしょ、それが「血」なんじゃないかなって。お母さんもね、いじめられたり、差別されたりしながら、それにめげずに頑張ってきた人だったのね。それで入院してから、一回目の大きな手術をした後に、「声が出なくなって歌えなくなったら困るから、練習する」って言うのね。そうしたら、元通りの声が出ててびっくりしたんだけど、本当は痛いはずなのにね。だから、お母さんにとっても歌はそういう痛みとか辛さを忘れさせてくれるものだったんだなあって思うの。だから、何かを持ってるってのは、すばらしいことでね。

亡くなる前の母親が病気のために体の痛みを訴えながらも、しっかりとした声で歌を歌っていたのを聞いた経験から、自分が「アイヌが嫌だ」といいながらも、「何もかも忘れて」踊ってしまうのは、母親と同じ「血」が流れているからだと感じる。したがって、A氏が語る「血」は、境界を固定された「アイヌ民族」が同質的に共有する本質としての「血」ではなく、母との具体的な関係のなかで感じ取られた「血」であるといえる。現実の日常生活を共に歩む者としての人間同士のつながりが、ここに表されている。

阿寒湖にいた頃は、踊り以外に刺繍もやっていた。

個人的に、刺繍を教えてもらってた。絵は書けなかったの、紋様はね。だから、書いてもらって、その上に刺繍して、マタンプシ（鉢巻）とかそういうの売ってた。ただね、その中に「火の神様」を入れるとかわからなかったの。山本多助が「お前の刺繍って上手いけど、カムイが入ってないんだよな」って言うの。「えっ、刺繍に神様って必要なの」って思って、そこから話が始まって、火の神様も必要だし、悪いものが入って来ないように角をちゃんとしなきゃいけないとか聞かされたの。それで、最近のことなんだけど、私は自分がアイヌだから何も知らなくてもいいもんだと思ってたの。アイヌのことは知らなくていいんだって。自分が覚えてきたこととか、教えられてきたこととか、そこでそういう雰囲気があったとか、入れ墨の人を見たことがあるとか、そういうことだけが自分の中にあればいいもんだと思ってたの。ところがね、去年、修学旅行の準備だかで、高校生のみんなの前で話してくださいって言われた時に初めて、文化とか歴史とかを見たときにね、「えっ」とか思って、「何コレ」とか思ったの。

ここには、A氏が普段の生活を歩むなかで触れてきたアイヌ文化と、一般の人びとが見る「アイヌ文化」とのあいだのズレがある。これは、日常生活のなかでの文化伝承のあり方と、メディアを介した文化伝承との違いの現れとしても理解できるだろう。

A氏は、白糠に来た時に、そこでの踊りがあくまで自分たちの楽しみのためのものであったことが良かったと語る。

私ね、白糠で一番いいなって思ったのが、アイヌの踊りを人に見せるじゃなく、本当に役場の何人かと、少しだけ見学者がいるだけで、そういう中で踊ってると、みんなが仲間って感じがしてね。生活館でやってたんだけどね。こっちに来てからね、地方に踊りに行くとお金がでて、釧路でもお金がでるんだけど、その前はお金なんかもらったことないんだから。白糠でもお金をもらってどうこうっていうのはなかったのね。カムイノミ(5)で捧げたものを後でもらってくるっていうのはあったけど。今じゃさ、それが普通になったのかもしれないけれど、昔はどこへ行ってもお金なんかでなかったから、どこからでるのか不思議でしょうがなかったんだよね。自分が、ウタリ協会の釧路支部の事務をやるまで、それがわからなかったの。まさか、市とか教育庁からお金でるもんだとは思ってなかったから。すごいお金の世界になったんだなぁって思った。そうしたら、みんなで楽しんでたものが、人に見せるもんだからってなっちゃって。こんなこと言うと、自分もお金もらってるくせにって言われるかもしれないけれど。これは山本多助も言ってたんだけど、文化ってのは見せるもんじゃないって。おばあちゃんが踊ってたのは、自分たちがお酒飲んで楽しくなって、そこから踊って、で、疲れたらやめて、また誰かの歌が始まったら踊るとかね、あれが本当なんだって、だから人に見せるもんじゃないと思うの。踊りの前に冗談で「今日は三千円しか出ないらしいよ、じゃあ三千円分踊るかぁ」とか言うけど、踊りが始まれば、燃えちゃって目一杯やってるんだよね。

見せるための踊りとは、売買されるモノとしての舞踊を、すなわち商品としての舞踊を意味している。それは、自らの踊りを、商品としての一定の価値において見るまなざしを前提とする。A氏は、そのようなまなざしに違和感を持ち、けっして商品にはなり得ない自分たちが楽しむための踊り、すなわち、「自分たちがお酒飲んで楽しくなって、それから踊って、で、疲れたらやめて、また誰かの歌が始まったら踊る」といったやり方を好んだのである。

A氏は、踊りが「身についた」のは祖父のおかげだと感じている。そして、A氏は、「踊りに救われてきた」自分が、それをやりたいと思う若い世代のアイヌの人たちのためにも、踊りの伝承をしっかりとやっておかなくてはならないと語る。A氏が伝えたいと思うものは、見る者のまなざしによって捉えられた「アイヌ古式舞踊」ではなく、自分を救ってくれた踊りである。

子どもがお腹にいて、それで生まれてちょっとのあいだ一緒にいた期間は一切踊りしなかったし、子どもと別れた後の一年半くらいは自分が自分でないようだったし……。それで、アイヌどころじゃなかったの。でも、その間、練習はやってたよ。行かないと、爺がいるから。爺がすごく怖かったんだよね。二回目に結婚してからは、堂々と踊りやってた。それから、生活館に入ってウタリ協会釧路支部の仕事をやるようになってから、ずっと続けてた。踊りの練習の時に、爺に長い棒で叩かれて、その時は「もう練習に行かない」って思うんだけど、また行っちゃうんだよね。私は、刺繍もやったことがあるんだけど、私の場合は結局、踊りプラス刺繍、踊りプラス何かだと思うんだよね。普段は「ああ疲れた」とか言ってるのに、踊りになると一生懸命で溌剌としてるよねって言われたの。それは山本多助のおかげだといつも思ってる。爺は、基礎を体に染み込ませようとして、あれだけのことをしてくれたんだと思うし。それでね、こっちに来てからのレラの会の踊りの練習なんかでもそうなんだけど、私ももう四八歳でいつまで踊れるかわからないわけだから、できるだけ体が動くうちに踊りをこれからの人たちに教えておきたいっていう気持ちがすごく強いんだよね。私はね、悲しいことがあっても、何があっても、踊りに救われてきたと思ってるの。だから、そういうものを伝えたいって思うのね。それとね、見てる人にもね、こっちが一生懸命踊ったりすれば、気持ちが通じたりするんじゃないかなって、たまに思うんだよね。だから、形だけでやるんじゃなくてね、自分の気持ちも込めて一生懸命やるもんだと思うの。私はね、踊りは頭で考えるものじゃないと思うよ。それに、自分の踊りが完璧だとも思ってなくて、ただ「血」がさわいで踊って、それが通じればいいなって思うだけなんだよね。私がなにより大切だと思うのは、踊りをみんなに伝えていくこと。アイヌの「血」が入ってても、いつやりたいって思うかは人によって違うから、その子がやりたいって思った時にちゃんと教えてあげられるように伝えておかなきゃいけないと思ってる。

ここでA氏は、「踊りに救われてきた」自らの経験にもとづき、困難に直面したこれからの世代のアイヌの人々が踊りに「救い」を求める可能性を見通していると考えられる。したがって、A氏にとっての文化伝承活動は、自らの経験から他人事として考えることのできないそのようなアイヌの人々との関係性のなかで、A氏独自の意味を込めて実践されるものなのである。それは、型にはまった「アイヌ文化」の反復ではなく、そこからこぼれ落ちる個々の人々の独自の意味（「自分の気持ち」）を伴なうものであり、ズレを含んだ不整合な反復によってなされる文化伝承である。

A氏は病気になった母の世話をするために、「五、六年前」、東京へ移る。そこで、人々の視線が釧路のものとは違うことに気づく。そして、アイヌとしての自己の存在が、誰からも見えなくなることを望んでいたことを振り返る。北海道ではアイヌ民族の踊りを楽しんでいた一方で、自らがアイヌであることを否定的に捉える自己意識が消えたわけではなかった。首尾一貫することのない感覚は、常に並存していたのである。

東京に来て、「東京生まれ」っていいなぁって思ったのね。東京だと、「あなたはアイヌだ」とか「外国人だ」とか言う人いないでしょ。釧路とかだと本当にかわいそうだと思うな。私は、「家の前を通るな」って言われて、水を掛けられたこともあるからね。釧路にいる時、ある子どもがお母さんと一緒に生活館に社会科の本を持ってきたの。その子どもの親もアイヌ同士が結婚してるから「純」なわけ。で、そこにアイヌの写真が出ていて、それが汚い格好で、私が見た曾祖母ちゃんの格好とおんなじなわけ。アイヌがどうみたってホームレスみたいな格好してるの。これは、どうしたっていじめの対象になるよねって思って、私はその時の支部長に、「教育庁に行きましょう」って言って、それで行って、私はすごい抗議したんだよね、「これで学校に行けない人がいるんです」って。それがどれだけ辛いことかって、私は経験があるからわかるって言ったの。その子はいじめられてて、親に言ったわけなんだけど、私みたいに誰にも言えなくて苦しむ子もいるわけだし。私の時は、本当に楽になりたいって感じで、とにかく誰からも見えなくなればいいって思ってた。

A氏は、出演依頼をうけて大阪や沖縄へ行ったレラの会の活動に、北海道から参加していたが、本格的に参加するようになったのは東京に来てからであった。最初のきっかけは母親に「連れられて」だという。そのレラの会がメンバーをアイヌ民族に限っていることについて、A氏は次のように語る。

私個人の考えだよ。アイヌに生まれたら、アイヌにしかなれないけどさ、たとえば、シャモに生まれてレラの会に入りたいと思ったら、永久にアイヌにはなれないだろうけど、本気でやりたいって思うなら、本心からそう思うなら、私は一緒に踊りを教えても構わないと思うのね。それが興味本位で、「アイヌの踊りを一回やってみたいな」とか、そういうのは嫌だけど、本気でやりたいと思う人は入れてあげてもいいんじゃないかなって思うときがあるの。ちゅうかね、それって人間として差別に入るんじゃないかなって思うの。以前だったら駄目だって言ったかもしれないけど、今はね。人の気持ちって変わるよ。アイヌのことを真剣に考える気持ちがある人であればね、何か間違ったことを言ってると思ったら、面と向かって注意していけばいいんだもん。「アイヌっていうのは、あなたが考えてるほど簡単なもんじゃないんだよ」とかね。そうやって注意されたりしながら、それでもついていこうっていう気のある人だったら、私は大賛成だけどね。それはね、人を受け入れられない、気持ちの小さな過去の自分からみれば全く正反対のことなんだけど、そういう過去の嫌な自分はもう嫌だって思って、人に対してしてきた行為も懺悔してね、自分を変えようって思ったの。それで、人のことも考えられるようになってきてね。それに、「アイヌだっていいじゃないか」って、気持ちも変わったし。

今では、具体的な子どもや母との関係性や、いじめという自らの経験をもとに、アイヌであることを誇れるようになっている。

私はアイヌであることに後悔してることはないの。子どもの頃は嫌だったけど、私は踊りが好きだし、踊りができるんだから踊りをやろうって思って、そこからだんだん自信が出てきてね。私の子どもが今、「なんで俺はこんなに毛深いんだろう」って言ったとしたら、私はまたアイヌについて、アイヌとして生んだことを申し訳ないって思ったかもしれないけど、でもね、子どもがね、「俺はいいの、何も恥ずかしくないから、見たけりゃ見ればいい」って。「眉毛とか、いじらないの?」って聞いても、「親からもらった体だから俺はそんなことしないよ」って言われた時、私はすごくうれしかったの。それでまた、私はアイヌってことで堂々と生きていいんだなって思えたの。子どもの言葉で、私はアイヌでよかったんだなって。あと、アイヌでよかったなって思えたのには、お母さんの影響もあったと思う。あれだけ堂々とね、どこからどう見てもアイヌの顔でしょ、それをね、のびのびとしてる姿を見て、「そうだよな、血はすごいんだよな」って。私はね、いじめられたりとか、いろいろなことがあって、今アイヌのことに誇りが持てるんだと思う。私は今だったら、北海道に帰って、知らない人にも「私はアイヌだよ」って言える。やっぱり、いじめられたりとかね、そういう経験がなかったら今みたいには考えられなかっただろうし、過去を振り返ることもなかったと思う。だから、日常でもね、どこかに片隅にでもアイヌっていうものがあると思う。

二　紋様を描く／彫る

Ｂ氏は、一九五五年、浦河町野深《のぶか》生まれの男性で、「東京アイヌ協会」会員。現在、「アイヌ文化交流センター」（東京・八重洲）にて木彫と刺繍の講師を務める。

Ｂ氏が中学卒業まで過ごした浦河では、アイヌの家と和人の家とのあいだに経済的な格差があったが、Ｂ氏自身はそれを当然のこととして受け入れていたという。当時の家の経済状態を次のように語る。

牧場地帯だから人間よりも馬の方が多いようなところで、うちは農家もやってたんだけど、秋に米を収穫すると同時に、その前の冬場の薪や石炭を農協から借りるわけじゃない、そうすると秋の収穫で払う。そうすると、うちで収穫した米なのに、一回か二回しか食べられないわけさ。灯油に変わっても、常に農協に借金だから、米は常に食べられない。ジャガイモとかカボチャとか、そういうものばっかりでね。ちょっとでも米粒が入ってたら喜ぶくらいな生活してたからね。そのときはそれが当たり前だと思ってたね。だから、その頃は、学校行くよりも、まずお金がほしいもんだから、泊り込みで働いたり、金があれば、下の弟となんか買って食ったりもできるしさ。家庭も助かるからさ。そうやって、中学卒業して、就職して、こっちに出てきたんだよね。

B氏が幼少の頃の浦河ではアイヌの家と和人の家とのあいだに明確な経済的格差があった一方で、日常生活においては、「アイヌ」／「和人」＝「弱者」／「強者」という平板な図式におさまりきることのない関係性があったといえる。

その頃は、俺たちが通っている野深小学校のほかに上野深小学校っていうのもあったの。上野深小学校は、開拓に入ってきた人たちの学校だったんだけど、いつも町にでるときに、上野深だから野深を通って町にでるわけだけど、その時に行き帰りにアイヌに石を投げていくと。そうすると、おれなんかは人に負けたくないほうだから、悪いことしたやつをとっつかまえて、「お前何やるんだ」って言って、謝らせるほうだったんだよね。そういうやつらが「このアイヌ」とか「土人」とか言って石投げてくるんだけど、逆に上野深の和人の子どものほうが、土のせいもあるんだけど、真っ黒なんだよね、土が上野深のほうっていうのは黒い土なんで、自然と。それで毎日風呂入ってるわけじゃないから、真っ黒くなるのね。そうすると、アイヌより真っ黒なもんだから、「お前こそ土人だ」って言って追っかけまわしてたね。小学校のときはそういうふうだったね。学校では、おれが一番喧嘩強くて、一番上にいるからさ、それでけっこうおれにくっつく人間もいたし、学校での遊びでは、アイヌも和人も全然関係なくやってたから。

B氏は、子どもの頃からアイヌと言われていたが、アイヌが何なのかがわからなかった。

アイヌとは言うけども、それを普通に、ふざけたりしながら、「このアイヌ」とか言いながらやってたもんだから、それで慣れてて、「アイヌ、アイヌ」って言われても全然平気でいたんだけど、それが何なのかはわかんないわけ。その頃っていうのは、そうやって暮らしてるだけで精一杯で、余計なこと考えてられなかったんじゃないかな。常に、お袋も親父も家にいないっていうか、お袋は土方やりながら、朝早く行って、夜遅く帰ってくる、親父は出稼ぎだから。男四人兄弟で俺は次男なんだけど、家には常に子どもしかいない状態なわけね。だから、当然、煮炊きしないと飯食えないから、もう小学校行く前から煮炊きはしてるわけだからさ。そういう格好だからさ、アイヌがどうこうとかさ、アイヌに生まれたからどうのこうのっていうのは、全然考えたことがなかったね。

アイヌというものについて話してくれる大人もいなかった。まわりの大人たちは子どもたちを「日本人化」させたかったのだろうと推測される。しかし、アイヌ文化に基づく葬式を見たことや、お祭りの時に見たアイヌ民族の着物の紋様の素晴らしさは印象に残っていた。これらの経験は、後に、B氏が肯定的なアイヌとしてのアイデンティティを獲得するにあたって想起される。

小さいとき、ばあさん子だったんで、よく父方のばあさんのところに遊びに行ったりしてて、年寄り同士はアイヌ語を話してるわけさ、でもおれなんかが行くとすぐに日本語に変わって、で、遠く離れるとまたアイヌ語に変わってって感じだったんだよね。やっぱり、日本人化させたかったんだと思うんだけどさ。まあ、それは今となっては残念なことなんだけども。ただ、教えなかったんだろうけども、ばあちゃんが亡くなったときにはアイヌプリ〔アイヌ式〕の葬式やって、もちろん子どもなんか近くに行けないんだけど、墓標なんかももちろん違うんだよね。墓場行って帰るときも絶対振り返るなって言われて、振り返ると連れて行かれるからっていわれて。そういうときにシト〔団子〕がでるわけなんだよ、そうすると甘みに飢えてるおれらとすればさ。あとは、家の中を蓬の葉で煙をモクモクさせておいて、家の四隅から蓬で掃いて、魂に出て行ってもらうっていうのとかさ。それと、その頃に、龍神さんのお祭りっていうのがあって、その祭りでアイヌの踊りを見たことがあるんですよ。そのときにびっくりしたのは、見たこともない年寄りがたくさん集まっててさ、着てるものも、すごい素晴らしい。子どものころにすごく格好いいって思ったんだけど、みんなが集まって踊ってるのを見てたらね、杖をついて来てたおばあさんとかがね、ピンとなってね、飛んだり跳ねたり、踊るんだよね。そのときはすごいと思ったんだけど、まあ、それからは忘れてるよね。

B氏は、お金を家に送りたいと考えて、集団就職で上京する。そこで、アイヌであるがゆえの差別を経験する。それは、お互いに「給料を見せ合う」仲間たちとの日常的な友人関係のなかに入り込むアイヌであるがゆえの差別であった。

要は、学校にも行けないしさ、たまたまね、同じ村から先輩が来てた鉄工所に就職したんだけども、ボーナスが三回あって給料もいいという話で、金を家に送りたいからさ、そう思って来たんだよね。それで、浦河、静内、合わせて五人来たんですよ、同じ年のやつが。それで、一緒に田舎から来た奴らだから、給料を見せ合うでしょ。そうすると、そこにも差があったんだよね。おれなんかさ、残業させられて、小さい会社だったから残業、残業ってあってさ、それで、和人の子は夜学っていうか定時制にも通う奴らもいるんだけども、でも給料見たら全然違ってくるわけ、おれのほうが働いているのに。雇ってるほうも、アイヌの子どもだってわかってるからね。まあ社長自体が北海道の人間だからさ。そういうふうにして、うちの親戚からも何人かいて、姉茶からも来たりとかしてて、アイヌの子どもっていうと安いわけ。

その後、自動車整備工場に勤めるようになるが、東京の「空が汚く」、「空気が悪い」ことに抵抗を感じ、自動車免許を取ることを拒む。

それで面白いのがさ、おれ車なおすのに免許とりに行ってたんだけど、東京にでてきたときに、あまりにも東京の空が汚くて、川崎なんか常に澱んでるんだから、あそこらの運河なんか、ボコボコ、ガスが湧いてたんだから、それで臭くてさ、そういうのも見てるから、免許取りに行っても免許取らないでコーヒー飲んで会社に戻るっていうことしてたね。しまいに、怒られてね、送り迎えもされたんだけど、結局取らなかった。やっぱり空気が悪いってことに抵抗があってね。

上京後、数年して、J氏の呼びかけの記事が朝日新聞に載り、「東京ウタリ会」の活動に参加するようになる。

おれが出てきて半年くらいで、お袋も東京にきてね、たまたま叔父さんが八王子にいるっていうのと、もう一人親戚がやっぱり八王子にいて、そこに住んだわけ。東京に出てきたのはなんでかっていうと、田舎にいてもさ、稼げるわけじゃないし、食うや食わずの生活ばっかしでしょ。それで、Jさんとお袋とその叔父さんと同級生なんだよね。そうやって集まるようになった頃、Jさんが朝日新聞に記事を出したのね。それで、東京ウタリ会で、集まって会議とかするようになってね。その頃っていうのはさ、どこかから金がでてるわけでもなければ、自腹で活動するわけだよね。そうするとね、みんなでちり紙交換をやって、それでダンボールが一枚落ちてれば、ハイライトが一個買えたわけ、当時は。そうやりながら、Jさんらと活動し始めたわけ。それから、「実態調査」をやるっていうことになったんだよね。その時期に、ペウレ・ウタリの会はアイヌ語のお勉強とかやってたからさ、遊びに行ったりしてたんだわ。

この頃のB氏は、運動の理念を共有して活動に参加していたわけではなく、身近な人間関係のつながりによって参加していたといえる。

アイヌについての意識とかなんもないの。ただ、ついて歩いているだけだから。アイヌだからっていうより、お袋なんかが燃えてるからっていう感覚かな。なんにも考えてなくて、ただ家族で動いてる感じはしたよね。要は、おんなじ浦河から来た人間がわっと集まってやって、そこにくっついて歩いてるような感じ。ただくっついて歩いているだけで、それがあっちこっち行くもんだから楽しかったんだもん。いろんなところへ行くでしょ、で、いろんな話をするでしょ、内容はしっかり聞いてないんだけど、要はウタリに会えるわけじゃん、アイヌってのには興味ないけど、ウタリっていうのはやっぱり会えばこう……、顔が違うからさ、親近感が湧くっていうかさ、そういうのあるでしょ。だからくっついて歩くのが面白かったんだよ。

この時のB氏は、ウタリに会うことで自分がアイヌであることを確認する一方で、「アイヌ」としてのみ活動に参加していたわけでないことは確かである。アイヌ民族の活動の場には、様々な身近な人間関係のつながりが錯綜していたといえる。また、J氏と行動を共にして多くのウタリに会うという経験のなかで、B氏は、ウタリ同士の関係性を「親近感が湧く」関係性として捉えるようになる。このウタリ同士の関係性は、「親近感が湧く」関係性であると同時に、後述するように、アイヌであることを「やめ」たくなるほどの軋轢を生じさせるものでもあった。それは、生身の人間同士の関係であるがゆえに、流動性を帯びたものとなっていたのである。

B氏は、ウタリに会うことを面白く感じ、同じアイヌであることの親近感を感じていた一方で、いわゆる「アイヌ文化」には関心をもたなかった。また、「ペウレ・ウタリの会」のアイヌ語勉強会に行くこともあったが、それはアイヌ語に興味があったわけではなく、ただ「遊びに行く」ということであった。あくまで、「親近感が湧く」ウタリ同士の関係性を期待していたのだと考えられる。

おれなんかは、別に、「アイヌ」って言われてたときに、どうだこうだって質問きたこともないし、来てればそこでまたなんか考えたのかもしれないけど、たいがいJさんとか上のほうに質問がいくわけだから、黙っていればいいって感じだから。ペウレ・ウタリの会にも何回か行ったことあるんだよね。だけど、それはね、アイヌ語なんかには全然興味がないというかね。ただ行って、一緒に口を動かしてるような感じでいたのね。

B氏にとって、アイヌであることは「文化」の共有にもとづくものではなかった。しかし、それは「血」に基づくものでもなかった。B氏は、「血の違いというのはあるんだろうけど、そこまで考えたことはなかった」というのである。したがって、B氏にとって、アイヌであることは、「文化」や「血」に基づいて同質化される集団を前提とするアイデンティティではなかったといえる。しかし、そこには「親近感が湧く」共同性が確かに存在していたのである。

その後、飛騨高山で木彫りを見る機会があり、自分もやってみたくなったという。そのことを、東京ウタリ会で活動している知り合いに相談したところ、その弟が北海道・阿寒湖アイヌコタンでやっている民芸品店を紹介された。現在、B氏は木彫りや刺繍の講師をつとめるが、その道に進むきっかけは、「たまたまそういう知り合いがいたということ」だという。

やっぱり何でもよかったんだけども、たまたまそういう知り合いがいたということで、要はね、手先のことって好きなもんだから、小さいころから縫い物はしてたしさ。だから、あえてアイヌ民族のものをやろうと思ったわけじゃなくて、ただ木彫りをしたいという感じで阿寒に行ったわけ。おれらの時代って、ほとんどは見て覚えろってやつなんだよね。その頃作ってたのは、ほとんどがペンダントとかブレスレットとか。いまだにそうなんだけど、大物っていうのは彫る気がしないの。いまだにこだわってるのは、熊と梟は絶対に作らないということ。熊はキムンカムイで、梟はコタンコロカムイでしょ、だから神様を形にして売るっていうのは、本来やっちゃいけないことだからさ、だから図柄のペンダントしか作らないわけ。そういうことは、知り合いの店で師匠になってくれた人が彫ってるのを見てて、そう思ったわけね。形じゃなくても、紋様でこういう素晴らしいものが作れるんだぁって。まだその当時って、キムンカムイとかコタンコロカムイとかわかってなかったからさ、ああいうのも彫ってみたいなぁとかも思いながらね、だけどまずこなせなきゃ、そういうのも彫れないわけだからさ、そうするとだんだん彫ってるうちにそういうこともわかってくるから、アイヌの熊の木彫りというのは新しいものだと、で、こっちから行った人がヒグマを見て彫ったのをアイヌが見て、生活のために熊を彫って売ったということだから。

阿寒湖アイヌコタンにいた頃は、売り物としてのペンダント等を中心に彫っており、売り物ではない儀式等に使う祭具などを彫ることには興味がなかった。B氏に木彫りを教えてくれた人の彫ったアイヌ紋様に魅せられる一方で、アイヌ民族のものに限らず「ただ木彫りをしたい」という感覚も持っていたため、B氏の木彫りに対する取り組み方をアイヌとしてのアイデンティティの首尾一貫した論理で理解することは不可能である。

道内各所で行なわれるカムイノミに参加する山本多助氏についていくことがよくあったが、興味がなかったので、儀式自体に参加することはなかったのであり、また、阿寒湖で行なわれる「まりも祭り」に関しても店番をしなければならなかったため、儀式を見ることはできなかった。熊送り(6)を行なった時も、儀式のもつ意味を理解することができず、ただ熊を「送る」ことが「悲しかった」。

二風谷でカムイノミやるっていったらそこに行ったりとかさ、エカシ〔長老〕と道内をあちこちまわったのよ、おれが運転して。それは貴重な体験なんだけど、おれは興味がないもんだから、車のなかで寝て待ってるとかさ。ただその民芸店にいたときに、熊を飼ってたわけ。おれが行ったときはまだちっこくて、もらってきたパンくずで育ててたんだよね。で、二年目になったときに、檻から手を出して、お客さんのスカートをやっちゃったわけさ、これじゃあ危ないっていうんで、熊送りをやろうってことになって、やったんだけど、そのときの儀式のやりかたっていうのをおれは店番しなきゃなんないから、まりも祭りにしても何にしても見ることができなわけね、ただね、解体して熊汁みたいなの作るじゃない、そうすると呼ばれて、「お前が育ててたんだから、食え」って言われたんだよ。でも「食え」って言われてもなぁって思ってたら、じじ〔山本多助氏〕に怒られて「お前、しっかり食べないと成仏しないんだから、一口でもいいから食べな」って言われて、それで泣く泣く食べて、祭壇に祀ってあるやつを見ながら食べてね、また店に帰ったっていう覚えがあって。その頃にはいくらか知識が入ってきてるじゃない、神様が熊に化けて、肉と毛皮を人間のためにおろしてくれたということを聞いてるじゃない、だからそういうふうに怒られたときには、「ああ、そうか、おれが食わないことによって神様の国に魂が帰れなかったら、人間界にまた送ってくれないんだな」と思いながらね、食べたね。

B氏は、阿寒湖アイヌコタンにいる時に、お客さんの質問に答えられなければいけないという必要性にせまられる中で、基本的な「アイヌ文化」についての知識は身につけていったという。

二年ほど阿寒湖にいて、東京に帰ってからは北海道料理の「コタン」というお店に勤めた。そのコタンで自分が作ったペンダントをガラスケースに入れておくと、けっこう売れるんだよね。コタンにいたときも木彫りはやってたけど、アイヌどうのこうのって考えてないし、コタンの前の野川公園でカムイノミをやるわけだけど、そのときにエカシとかみんな出てきてくれたんだけども、それだって、マイクの設定をする役割をしたりするだけでさ、そこに参加してなくて、遠巻きに見てる、みんな着物着てるのをおれらは普通の格好をして遠巻きに見てる。

その後、結婚し、運送会社に勤めていた。この時期は、栃木に引っ越したことや、土日が休みとは限らなかったこともあって、「アイヌの活動っていうのは、してないに等しい」。

東京に住んでればさ、仕事の後にちょっと会議とか行けるけど、うちのほうの栃木に住んでたら、行くわけにいかないしさ。仕事だって中小企業だから、土日休みとは限らないし、そうすると全然活動なんてできないのさ。一応、連絡はくるんだけど、活動は出来ないという格好だったんだよね。家庭をもったら、まず家庭を優先させなくちゃいけないじゃん、それと女房は和人だし、理解はしてくれてるけど、会社休んでまで出たらいけないわけでさ、そうすると、自然とそうなってくるわけだよね。

アイヌ文化に対する意識が特に大きく変化したのは、J氏との再会がきっかけであった。B氏は、

J氏の言葉を契機に着物を縫い始め、それを通じて「先祖の素晴らしさ」「自然を愛する心」を感じたという。

運送会社の仕事が不景気になって辞めたときに、そこでまたJさんと会うわけね。Jさんが、「お前そんなことやってるんだったら着物縫えるんだから、着物縫え」って言ってさ、レラ・チセの二周年か三周年の頃からレラ・チセとつきあってるから、そこでJさんと出会って、そう言われて、そうだなぁって思って見てるうちに、自分らの先祖の素晴らしさ、自然と共に生き、自然を愛する心を感じてさ、今何でも大量に作って、大量に廃棄してさ、空気も汚れてきてる時代じゃない、そう考えてたら、「なんて素晴らしいことをやっててくれたんだろう」って、そう考えるようになって、本腰入れてやるようになった。Jさんに言われて刺繍を始めると、ほら、途中で手を抜くの嫌だからさ、真剣にやりだすとね、すごいね、自然観ていうか、でてくるんだよね。気が入ってないでやると、とんでもない格好のものになるし、それで集中して魂入れてやらなきゃいけないいんだな、と。それをどんどんやってるうちに、やっぱり木彫りもしたくなってくるじゃない。それで平成八年に文化振興法ができたときにセンター〔アイヌ文化交流センター〕ができて、木彫りの教室をやることになったの。そうすると、今度は本をいろいろ見なくちゃいけないじゃん。勉強しないと教えられないじゃん。若い世代が入ってきたときに、何か聞かれたら答えられなきゃ困るわけで、だからそこで一生懸命勉強して。そこから深く入っていったの。それから、だんだんカムイノミなんかにも興味もってくるようになって。アイヌ語も二人の子どもと一緒にセンターに通ったりしたんだけど、さっぱり覚えられなくてね。あとは、いろんな先輩の話を聞いたりして、先祖のことはやっぱり頭に入れていかなくちゃいけないし、アイヌをなくするわけにいかないし。昔は差別されたり、貧しかったり、大変な苦労をしてきたと思うけど、先祖があったから自分らがあるわけだからさ、一番大事なことは先祖を忘れるなってことだからさ、そのおかげで自分らがいるということなんだから。

B氏は、J氏との再会をきっかけにして始めた刺繍を通じて、アイヌ民族の「自然観」に触れ、アイヌ文化の「素晴らしさ」を理解する。この「自然観」の語りは、自動車整備工場に勤めていた時に東京の「空が汚く」、「空気が悪い」ことに抵抗を感じていたことを想起することと結びついており、B氏独自の意味が与えられている。そこから、さらに、様々な文化伝承活動に取り組んでいくことになるが、そのような活動の原動力は、アイヌ文化の「素晴らしさ」を理解するB氏自身の内面にのみ由来するものではなく、J氏や木彫り教室に入ってくる若い世代の人々、二人の子どもとの関わりに由来するものでもある。そして、B氏にとって、文化伝承活動に取り組むということは、大変な苦労をしてきた「先祖」を忘れないということにつながっているといえよう。

前述のように、B氏は上京してまもなくの頃、J氏とともにウタリに会いに行くことが「面白かった」のであり、アイヌの人たちに「親近感」を感じていた。B氏は、現在の活動を通じて多くのアイヌの人たちに出会うなかで、「心が通じる」という関係性を築いている。

ウタリ同士会うと、心が通じるような気がするんだよね。好き勝手なことばっかり言い合ったりできるじゃない、気軽に。知らない人でも話できたりさ、和人の知らない人だと黙って、こう……、何か言われるまで黙ってたりするんだけど、ウタリだと思えば、どこ出身なのとか聞けるじゃない。

B氏にとってのこの「ウタリ同士」の関係性は、「アイヌ」／「和人」の平板な二分法に基づくものではない。なぜなら、B氏は、子どもの頃からの経験に基づいて、「人間」に違いはないとも言うからである。

アイヌっていう言葉、で、アイヌ・ネノ・アン・アイヌ、人間らしい人間、その人間らしい人間の心を持ってればさ、人を愛する心も持つだろうしさ、アイヌ／和人じゃなくさ、すべてみんな関わってることだからさ。お互いに助け合って、協力し合って生きていかなくちゃいけないわけだから。

前述のように、B氏は、「文化」や「血」に基づく同質的集団としてアイヌを捉えていない。そして、「アイヌ・ネノ・アン・アイヌ」(=「人間らしい人間」)であれば、お互いに理解し合えるという。したがって、「心が通じる」ウタリ同士の関係性は、流動的なものとなる。だが、そのようなウタリ同士の関係性には、様々な軋轢も存在するのであり、また、流動的であるがゆえに柔軟な出入りも起こる。それは、生身の人間同士の関係であるため、自分に合わないと感じれば出ていくことも可能なのである。

誰が「ああだ、こうだ」って愚痴がでるときはあるけどさ、そりゃ人間だから、「アイヌなんかやめてやる」とか思うこともあるさ、でもそこで止まってしまったら、自分らの先祖がなくなってしまうわけだからさ。それを絶やさないようにしたいわけだからさ。アイヌやりたければやればいいし、やりたくなきゃやらなければいいし、それは自分らの考え方なわけだから、無理矢理「お前アイヌの血を引いてるんだから、やれ」とかいえないわけだしさ。逆にそうやって入ってきても、しっくりいかないわけじゃん、無理してるから。それじゃあ、自分らの民族も伸びるわけないしさ。入ってきてさ、合えば、いればいいし、合わなきゃ、出てけばいいし。来るものは懐深く受け入れるわけじゃん。そういう考え方ってのは、みんなアイヌにはあるんじゃないかな。

B氏は現在、アイヌ文化交流センターと栃木県の地元で木彫りの講師をしている。そこでは、「アイヌの彫刻」にこだわって、できるだけ彫刻刀の印刀のみを使ってアイヌ紋様を描くという木彫りを教えている。

やっぱりこだわるところはこだわって、できるだけ彫刻刀の印刀一本で模様を描くというやり方で。今、三角刀とか丸刀とか揃って彫刻やるから、綺麗な線がでたりするんだけど、そうじゃなくて、昔のアイヌの彫刻を見るとさ、刃物がない時代のものを見ても素晴らしいのをやってるよね。物のない時代にそれだけ素晴らしいものをやってるんだから、今の人らだってそれをやってできないわけないよね。そう考えて、自分たちだってそうしましょう、と。そして、線を描くっていうと、定規使ったり、コンパス使ったりしてるんだけど、それじゃ駄目なんだよね。机の角に手を当てて引けば、まっすぐな線を引けるわけじゃん。何もないところでやるにはどうするってて工夫するもんじゃん。まっすぐな線を引くには定規、丸を書くにはコンパスってなっちゃってて、それで「きちっとしなくちゃいけない」っていうでしょ。同じデザインでも人によって違ったものができて当たり前なのに、「あんたが上手」とか言って、比べたりするでしょ。そんなのないわけですよ、アイヌには。要するに、自分の作るものに心を込めて作ったものが一番素晴らしいもので、それを上手とか下手って比べるもんじゃないんだよね。

また、使わなくなったものに紋様を施して「息を吹き返してあげる」ことが、「アイヌの考え」に基づいたことだという。そして、「アイヌの彫り方」という決まった型があるわけではなく、柔軟に工夫して「自分の感覚」で彫ればいいのだと語る。「アイヌの彫り方」と「鎌倉彫り」という区別をせずに彫るやり方が、アイヌ民族の木彫りである。つまり、B氏がこだわる「アイヌの彫刻」もまた、固定された区別を持つものではないのである。

こっちに住んでると、ゴミ捨て場とかに、一〇〇円ショップのものが、お盆とかもそうだけど、捨ててあるのよ。そういうものを拾ってきて、また息を吹き返してあげる。物を粗末にしないっていう考え方でやってるんだよね。工芸のコンテストなんかでは材料がどうのこうのって言われるけど、今の時代って捨てられれば、ただ燃やされて環境破壊になるだけなんだから、それを生き返らせることでまた使われるわけでね、アイヌの考えでは、材料がどうこうっていう時点でおかしいわけさ。そういうのを拾ってきて、ニスとかを剥がして、それでそこに彫刻して、そうすれば、飾るにしろ、使うにしろ、それでまた少し長生きするわけじゃん。そういうものでも、細かく切っていけばペンダントとかもできるわけじゃん。乾いてるほど彫るのは大変だけど、つやの良いものもできるわけだし。材料はこういうので、こうやって彫って、こういうものができるって決めちゃう人にはできないよね。そういうふうに基礎を学ぶってことは大切なことだけど、覚えてしまえば、自分の感覚でいいわけだからね。鎌倉彫りっていう彫り方があるけど、これは鎌倉彫りで、これはアイヌの彫り方でっていうふうに分ける必要もなくて、あれは一括しちゃっていいわけだから。要は自分の心のこもったものを作ればいいだけの話だから。やっぱり「分ける」っていうことはさ、それだけ狭くなるということだから。

三　神々の遊ぶ庭《カムイミンタラ》

C氏は、一九三八年、浦河町姉茶《あねちゃ》生まれの男性で、現在、「東京アイヌ協会」会長を務める。J氏の弟。インタビューは、千葉県君津市亀山湖傍の多目的施設「カムイミンタラ」の建設現場にて実施させていただいた。カムイミンタラは二〇〇五年七月三〇日にオープンし、アイヌ民族の伝統的民具やアイヌアートの展示、アイヌ料理を楽しめ、池や広場で自由に遊ぶなかでアイヌ文化を直接体験することのできる施設となっている。C氏が様々な人たちの協力のもとに作り上げたカムイミンタラは、異なる人々の交流の場となることが望まれている。

C氏は幼少の頃、イオマンテを見ていた。その儀式には、和人の人たちも参加していた。

俺が子供の頃なんかには、熊を獲ると熊送りをすごく大切にやってたってのは見てるよな。熊送りは三日間くらいやるからな。そこには、和人も来てるんだよ。誰が来ても、「お前は来るな」とか言う民族じゃないから、アイヌ民族は。そういうところがすごいところなんじゃないか。

C氏は、日本人がアイヌ民族の土地を植民地化したという歴史的事実を踏まえながらも、それがC氏自身の経験に根差したものではないと語る。むしろ、アイヌ民族と和人が共にイオマンテの儀式を行なっている姿の方が、C氏の生活経験に根差しているといえる。ただし、植民地化の歴史が、「年寄りたちの話」を通じて、C氏の生活の中におかれていることも確かである。

昔の人が怒ってるのは、明治時代にこっち〔道外〕から開拓にどんどん行っちゃって、狩猟民族のアイヌに農耕をやるようにさせたんだよな、それで結局、開拓者には良い土地を与えて、アイヌ民族には湿地帯とか山を与えたって。それでみんな怒ってるんだよな。ただ、それは、年寄りたちの話の中で聞いてることであって、俺らが知らない時代のことだからな。俺らが子供の頃には、アイヌだけの村じゃなく、和人と混じってたから。

そこでは、上述のイオマンテの語りに見られるように、和人を単なる「植民者」としてみなすことのない関係性が存在していた。

幼少の頃、アイヌ／和人の違いについて考えたことはなかった。また、「いじめられるような子供じゃなかった」という。

アイヌと和人の違いとか考えたことないよ。俺はあまり偏見の目で人を見たりとかしなかった方だと思う。人からそういう目で見られたりってことはあったんじゃないかな。差別問題がまだまだあった時代だからね。差別問題もあったけど、俺はあんまり学校にも行かないから、勉強なんか全然しなかったから、それでも小学校一、二年生くらいまでは、イヌだのアイヌだのって言われたけど、結局、学校行かないで農作業やってるから腕力が強くてね、もう四、五年生になると上級生殴るようなね。だから、差別の問題にはならなかった。中学校行ったたって、冬しか行かないから、差別問題にもならんし。みんな怖かったらしいよ、俺、子供の頃から熊、熊ってあだ名で呼ばれてたから。だから、みんないじめられたって言うけどね、俺はわからないですよ。俺はその時代にはもうそんなに差別はないって思ってんだけど、あったたって言うんだな。だから、アイヌの中でも差別問題に関しても人によって度合いが違うってことがいっぱいあるんだよな。俺は、中学三年から大人と一緒に相撲とって歩いたんだから、実際には大人並みの生活をしてたんだよな。だから、和人の方が友達多かったかもしれない。一緒にワルやったりさ。そうやってるときは、アイヌだの何だのってのはもう俺の中にはなかったよ。

学校には通えなかったが、父親から多くのことを学んでいた。それは、生活していくための知恵であった。

学校で習うようなことじゃなくて、まあ、生活上の知恵だよな。たとえば、小学校一年生くらいの頃から、親父がテン獲りをやってたから、今はミンクがあるからテンなんて誰も獲らないけど、で、テンだって禁猟だったんだよ、それを獲ると六〇年くらい前でも七、八千円したんだよ、そうすると一冬に三匹も獲るとそれで生活できたんだよ、それでテンを獲ってくると、皮を剥ぐんだよ、もうその頃からやらされてたからね、それで板に釘で張りつけるんだよ。それで皮買いに売るんだよ。それから、鉄砲の火薬っていうのは、昔は村田銃だから全部自分で詰めるんだよ。それも俺がやってた。たとえば、鳥を撃つ量、熊を撃つ量ってのは違うんだ。専用の枡があって、それで計るんだな。火薬の量が違うと弾の開き方が違うんだよ。

このように父親から学んだことを、「アイヌ文化」といった「堅苦しい言い方」で表現することはなかった。あくまで、「生活に必要な知識を教えてもらった」にすぎない。

別に、そういう意味で聞いてたわけでもないし。結局、北海道では、春先なんか野菜を撒いててもすぐに採れるわけじゃないから、食べられる山菜を採るのにこれがああだこうだってな。自然に生えてる山菜の名前でもどれがアイヌ語なんだか日本語なんだかわからないんだけど、プクサキナとかな、あれは多分アイヌ語だと思うんだけどな、小さな真っ白い花が咲くんだよ。だから、笹の実も食べたしね、あれは六〇年に一遍しか実がつかないんだよ。なんせ、山全体に実がなったんだから。親父はいろんなことを教えたんだよな、喧嘩の仕方とかも教えたもんだよ。今でこそ、そういう自然の生活の知識がアイヌ文化だって言って本で紹介されたりするんだけど、それが違うんだよ。我々にとっては、それが生きる過程なんだよ。

現在「アイヌ文化」とされるものは、当時は、日常生活に必要不可欠な知識だったのであり、「生きる過程」そのものであった。それは、見ることによって固定される「文化」ではなく、日々の生活の歩みの中で生きられたものであったといえるだろう。

四五歳まで姉茶にいたが、その間、アイヌであることを強く意識することはなかったと語る。

意識することがないというわけではないんだろうけど、別に、こだわって生きるということもなかったんだと思うね。だから、腕力があったからね。中学三年のころから大人と交わって、建設現場にも行ってるからね、そこではアイヌばかりじゃなくて逆に和人が多いんだけど。自慢するわけじゃないんですけど、俺はそこでみんなに好かれたから、「お前アイヌだから」みたいに言われたことはないんだよなぁ。で、みんなと一緒に仕事してね、俺はまだ「あんちゃん」なわけだからみんなより仕事できないのははっきりしてたんだけど、「ああやれ、こうやれ」ってみんなで教えてくれてね。そういうわけで、「俺はアイヌの若いもんだから」みたいに考えて生きてきたわけじゃなかったのさ。

一九八三年に、四五歳で、東京に「出稼ぎ」に来たが、その頃は、アイヌ民族のことについて考えるどころではなかったと語る。C氏の姉であるJ氏は、すでに東京でアイヌ民族の活動を開始していたが、それに関わることもできなかった。

その頃はアイヌ文化になんて全く興味がない。しばらくは、働きずくめで、アイヌ民族のことなんて何も考えてる暇はなかったね。そんなめんどくせぇこと。北海道にいた家族にお金を送らなきゃいけなかったから、人の三倍仕事をしなきゃいけないってね。だから、夜、水道工事に行って、昼には別の現場のアルバイトに行って。それで車の中に布団を入れて、そこで生活してたんだよ。水道工事が早めに終わったら、近くのコンビニ行って、なんか買って、ビール飲んで、車の中で寝るんだよ。それで昼のアルバイトに行くんだけど、東京の道なんて知らないから、新聞見て行くのに、本当に大変な思いしたよ。時間までに行かなきゃなんないから。一ヵ所工事が終わると、また現場が変わるから、そこに行かなきゃならないでしょ。で、地図見て、駅を目標にするのさ。何々駅の近くの、どの辺だって。それがあるから、車の中でもぐっすりは寝てられなかったんだよ。そういう思いをしたから、まあなんとかなったっていうか。その時には、姉がこっちでアイヌ民族の活動を呼びかけてたんだけど、そんなところに耳貸してる場合じゃない。はっきり言って、アイヌ問題がどうのこうのって余裕があるわけないっての。だから、本当に真剣だね。で、まあ昭和六〇年くらいになったら、人と共同で羽田の解体をやるようになったからね。で、六〇年の夏から、自分で事業をやれるようになったの。

しかし、そのようなC氏も、一九八八年に姉の奨めで「関東ウタリ会」に入会し、翌年には会長を務めるようになる。姉との関係が、アイヌ民族の活動に携わるきっかけとなっていた。それは、「自分はアイヌだから」といった、自己の平板な位置づけに基づく動機づけに由来するものではなく、あくまで生身のC氏とその姉との関係に由来するものであったため、C氏の柔軟な取組みを可能にしていたといえる。すなわち、C氏は、関東ウタリ会に入会し、都庁に陳情に行ったりしていたにもかかわらず、「アイヌ問題」に関心がなかったのである。

姉がね、「お前、関東ウタリ会に入れ」っていう話があってさ、一応関東ウタリ会の会員になって、その翌年には「会長やれ、会長やれ」って。でも、「なして俺が会長やらなきゃいけないんだ」って言ったら、「我々みんなで何でもやるから、会長になっててくれ」ってことで、それで会長になったの。関東ウタリ会ってのはもともと姉が作った会だから、それは知ってるわけよ。東京のアイヌの調査とかやってたしね。出稼ぎでやってた頃だったけど、たまたまちょうど俺もいたから、都庁に一緒に陳情に行ったりとかもしたよ。でも、アイヌ問題っていうのには関心がなかったな。それで、関東ウタリ会では、毎月集まって、総会を開いてね。俺はやらないけど、女の人たちは刺繍や踊りの練習なんかやってた。で、市の役所だかに呼ばれて、踊りを見せたりとかいろいろやってた。でも、俺はやらないけど。まあ、会長として挨拶するぐらいで。

C氏が会長になってから考えたことは、次のようなものであった。

あの頃はまだ順調に仕事もあったしね、東京都にかけあって集まるための集会場を、あっちだこっちだって言って、なんとかしてたから、大型バスでも買って、それで総会でもなんでもやったらいいかなって考えてたことはある。みんながほうぼうからやって来るのを知ってたから、来月はどこどこって、場所を変えてやったらいいかなって思ってたけど、実現はしなかった。椅子をみんな取っ払えば、踊りでもできるからね。俺はやらないけど。それと、大きい鏡なんかがあれば、一人でも踊りの練習なんかができるかなって思ってたけどね。それは今でもとってあるよ。

C氏は関東ウタリ会のメンバーが簡単に集まれる場所を作りたかったという。大型バスの計画は実現しなかったが、みんなが集まるための場所を作りたいという同じ思いから、山梨県大月に「チセ」（家）を建設した。

そのうち、国際先住民年（一九九三年）になったでしょ。その前の年に世界の民族が東京に随分来たんですよ、俺は関東ウタリ会の会長をやってたもんだから、彼らの相手をしてたんですよ。彼らが一番訴えてきてたのが、やっぱり、日本人に自分たちの土地の木を伐られることだった。木を伐られると、暮らしの場がなくなるんだよ。あとダムを造らないでくれとか。そういうふうに二時間くらい会合をやって、その後の二時間は懇親会なんだけど、そのあと彼らはホテルに戻っちゃうわけなんだよ。アイヌ民族がね、地球の裏側から来た民族を招く自分たちの「寄せ場」がないっていうのが悔しかったよな。「俺んところに来て、寝れ」って言えるようなね。わざわざ日本に来てくれた世界の民族の人たちを、何もホテルに泊めなくてもいいんじゃないかなって思ったの。それが大月にチセを作ったきっかけ。でも、造りはじめてから、どんどん不景気になっちゃって、俺も、こんなもんやるなんて言わなければよかったなって。だから結局最初のイメージと随分違うものになっちゃってるんだよ。もっともっと豪華に造りたかったんだよ。従業員を使えば、給料を払わなければいけないし、金が出っ放しだからな。だから、「やる」っていう意気込みだけだよな。

C氏がこのように仲間が集まれる場所を作り、いろいろな民族の人々を招きたいという思いは、幼少の頃に、C氏とJ氏の父親が冬の間の山での仕事が終わって家に帰ってくると、その給料で近所のお年寄りなどを招いて振舞っていたのを見ていたこと（第三部一〇のJ氏の語りを参照）が影響していると語る。

三つ子の魂百までって言葉もあるからね。親が生活の仕方というものを教えてくれたから。ここだって同じだよね。ここもね、いろんな民族の人が来て、自由に使ってくれたらいいって思うんだよね。どんな民族でも金とらないよっていうのが俺の謳い文句だから。好きに自由に遊べればいいなって。

関東ウタリ会の活動を通して徐々にアイヌ文化に関心をもつようになったC氏は、大月で丸木舟の製作も行なう。「別に理由はない」というように、型にはまった「アイヌ」としての自己の位置づけが、C氏の行動原理になっていたわけではない。

まあ、別に理由はないけど。大月に家も建てたんだから、じゃあ丸木舟も造るかって。二風谷とか行くと立派な丸木舟があるからね。俺は、萱野茂さんが国会議員をやっていた時の後援団体の会長だから、ちょいちょい萱野さんのところに行ってたけど、丸木舟の立派なのがあって、それを真似て造ったんだな。今、材木屋に行っても、大きな丸太っていうのはないんだよな。で、まあ短いのになったんだけどね。四メートルくらいだったんだけど、五、六メートルくらいはほしかったな。作るのは楽しかったよ。どうなるかわからなかったんだけどな。俺はやろうとしたらやっちゃうから。湖に行って、進水式やったんだけど、ちゃんと浮いた。

ただし、C氏はアイヌ文化に関心をもつようになったとはいえ、本などを読んでいわゆる「アイヌ文化」を学ぶという気にはならず、あくまで「自分で考えたことをやっているだけ」であった。ここには、その都度の状況のなかで思いついたことを実行に移し、それを楽しむC氏の姿がある。そして、一九九八年に、あきる野市養沢にも「チセ」を建設する。

養沢ってところに引っ越してきてて、それで今までアイヌとしての活動をやってきたわけだから、ここにも昔ながらの、俺らが子供の頃住んでたような「草屋」みたいなのを造ろうと。そういうのを見て育ってきてるからな。俺は、どんな民族だって関係ないって考えだから、「お前は何々民族だから駄目だ」とか「和人だから駄目だ」なんてことはない。誰が来たっていいって考えだから。完成式の時なんかはお客さんをたくさん呼んで、盛大にやったな。一〇〇人くらいはいたな。案内状を出してね。特に会を通したりしたわけじゃなくて、名刺を見てね。アイヌ民族としてさ、いろいろな活動をやって、会長とかやったりしててさ、何もやらないのもつまらないなと思うから。

C氏は、人が集まることが好きだという。「祭ごとが好きだからね」。幼少の頃、イオマンテに和人が招かれているのを見て、それをアイヌ民族の「すごさ」と感じるC氏の感覚が、ここに込められているといえよう。

C氏は、関東ウタリ会を辞めた後、東京アイヌ協会を立ち上げる。それは、主にC氏とJ氏の家族を中心としたグループである。

活動の目的みたいなものは、ない。まあ、集まってね、一つの何かをやっていけるんじゃないかなって。もう、深い考えはないな。会則みたいなものは何もない。だから会費もないしな。本当は、会費取って、運営費とかにすればいいんだけど……。手弁当だし、電車も金かかるし、集まるのにはけっこう金がかかるんですよ。それでも、けっこううちのメンバーは頑張ってるよ。姉らもそうだけど、みんな個人個人で。俺は俺でいろんなことやってるし。自由に生きてるな。で、娘らは、踊りのメンバーで「浦河メノコの会」って名前つけてやってるけど、けっこうあちこちに呼ばれてるみたい。まあ、ほかの会みたく毎月集まって何かやればいいんだけど、なんとなくね、会長がだらしないから。自然の水の流れと同じだよ。でも、みんな頑張ってるから、いいんじゃないかなって思ってる。

そこは、「アイヌ」同士であること以上の関係性に基づき、それぞれの「自由」な思いをもった個々人の集まる場所となっている。C氏はこのような場所をいくつも作ろうとしてきたのではないだろうか。インタビュー時に建設中であった「カムイミンタラ（神々の遊ぶ庭）」は、訪れた人が「自由」に思い思いのやりかたで遊べる場所だと語る。それは、必ずしも「アイヌ文化」の紹介にとどまることのない場所である。そして、そこで生じるであろう交流は、「アイヌ民族」との交流ではなく、アイヌであると同時にそれ以上の存在でもあるC氏をはじめとした人々との交流となるであろう。

どういう人を相手にするかっていうのは考えてない。だから、これができたらまず、東京にいっぱいある大使館に案内状を出そうと思って。もう自由に来て、遊んでくれって。ここで、どういうことをやれってことも考えてない。ボートに乗って遊ぼうが、水に入って遊ぼうが、何でもいい。馬の老人ホームみたいにもしたいと思ってる。それは馬小屋造って、北海道に宣伝してからの話なんだけどね。リタイヤした馬を養っていきたいなって。アイヌの小屋を建ててね、アイヌ文化を紹介したりもできるようにね。ごろ寝でも何でもよければ、一〇人くらい泊まれるようにもしたい。気楽にやれっていうこと。今の子供がけっこうかわいそうだって思うのはね、親や学校にしばられて、俺らの子供時代みたいに自由がないってことだね。そういう子供たちのためになればいいなって思ってね。だからまあ、アイヌ文化ばかりじゃなく、俺が子供の頃からやってきた経験を、「こういうもんだ」って全部教えていきたい。でもね、アイヌ文化っていうのは、物に何でも感謝していくんだよってことは教えたいと思ってる。たとえばね、囲炉裏なんかでは、物が熱いってことを教えなきゃいけないと思う。何でも近づけないように囲ってたんじゃ駄目。そりゃ大事故になる可能性もあるけど、こういうもんだっていうのを小さい頃から学ばないと何にもなんないと思う。

そして、建設中のカムイミンタラで、C氏はさらなる今後の展望を語る。

アイヌがテレビにもどんどん呼ばれるようにならないかなって思ってるんですよ。それだから、有限会社でプロダクションでも作るかって考えてたんだよ。やっぱりテレビ局から呼ばれるくらいにならないとね。ただ個人的に呼ばれて行ってるだけじゃ、それで飯が食えないんだよ。アイヌ民族としてね。また、一人でもそうなっていければ、それを見た人が「俺も頑張ろう」って努力をするようにもなるからな。生活が成り立たないと誰も寄って来ないから。それでプロダクションを作ろうって言ってるんですよ。それで、「アイヌ民族だから」とかじゃなく、この平成の時代で、こだわらないで努力して、いっぱい働かなきゃ駄目じゃないかと思うんだよ。

四　「運命としか思えない」

D氏は、一九七三年、母親の実家がある浦河町生まれの女性で、両親が民芸・喫茶店を営む阿寒湖アイヌコタンで育つ。現在、銀細工職人の夫とアイヌ工芸と銀細工の店を運営。また、アイヌ民族の伝統的楽器トンコリ(7)の奏者であるオキ氏らと共に音楽活動も続けている。

阿寒湖アイヌコタンは「環境自体がアイヌの世界」であり、D氏は幼少の頃、アイヌ文化に関わっているとは思わずに、その世界で生活してきたという。

いろいろアイヌにかかわる踊りだとか、民芸品だとか、ねぇ、触れる機会は多かったよね。踊りも地元の子どもたちと一緒に、三、四歳くらいから地元の人に教わって真面目に踊っていた。踊り自体は好きだったから。でも踊りの後のおやつが目当てだったかも？　そりゃ、子どもだから甘いものには惹かれるよね。

アイヌ民族やアイヌ文化について知りたいと思う前に、「触っていた」。

知りたいって思う前に、触ってたもん。なんか、木彫りのカスが落ちてたら、拾って自分で何か彫ってたり、彫刻刀で遊んだりとか。それが本物……、ていうか遊びだけどね、興味本位の。本格的にとは思わなかったけど。親が刺繍してるのを見てたりとか。触ったりできるからね、草で何か編んでたら引っ張ってみたり。私はこれを仕事にしようと思ってはやってないけども、そんなに気合は入れていないけれど。

阿寒湖アイヌコタンのまりも祭りで踊ったりすることから、自分が「コタン以外の地域の子とは違うとは思っていた」が、その違いについて考えたりすることはなかった。学校にいる時に、友人との関係性のなかでアイヌ民族／和人という差異の意識が入り込む余地はなかったが、まりも祭りでは、D氏がアイヌ民族の踊りを踊って、学校の友人たちがそれを見ているという状況があった。そこにおいて、D氏は、アイヌとしての自己の存在に「照れくさい」という独自の感覚を付与していた。

まりも祭りで踊りしてるし、踊りで地方公演にあっちこっち連れていってもらったりして、小さい頃から文化保存会で踊ってた、その頃は。それが阿寒湖のほかの同級生もやってることかっていったら、それは違うから、ねぇ、うちの地域だけのことなんだなって。でも、違うってことについて何か考えることは別にない。照れくさいのはあったけど。すごい恥ずかしいっていう気持ちはあったけど。ただ、小・中学校にいる時も、友達は友達で、アイヌだ、和人だ、と区別して考えることとなんてなかったし。

D氏が、アイヌ民族／和人という差異に直面したのは、観光客の視線の対象になることを通じてであった。そのようなまなざしは、D氏にとって不快なものであった。

お店を手伝ったりとかは、小学校の頃からで、ムックリ〔口琴〕売ったりしてたよ。でも、本格的には中学校くらいからかな。その頃の観光客の中には、アイヌを馬鹿にしたような態度の人が多くいた。特に年配の人達にね。だから、何故こんな不躾な事を言うのだろう、何故、私という個人を無視した態度でアイヌとしての写真を撮られなければいけないのだろうとかさ。一〇代の思春期の頃って、特に自意識過剰になるし、人の言葉も気になるし、体型も変わるし。そんな時期に人と関わる接客をしていれば、傷ついたり悩んだり自問自答してみたり色々経験するよね。それで、料理屋だったからさ。このお団子の意味は？って聞かれて、その説明はできたけど。必要なことは、とりあえず学んでたと思うよ、日常の生活のなかで。

D氏は、「アイヌ」としてみなされることによって「私」が無視されてしまっていると感じていた。そこには、型にはまった二分法への違和感があったのである。

インタビュー時の感覚で振り返ると、「踊り」等の、見る者のまなざしによって捉えられたものだけがアイヌ文化なのではなく、自己が「自然に」巻き込まれているところの阿寒湖アイヌコタンという環境の中の生活そのものがアイヌ文化だとされる。

踊りとかだけがアイヌの文化じゃないでしょう。環境だよね、やっぱり。それと、地域性っていうか、もちろん人だってそうだし、人づきあいだって文化だし。だって、春夏秋冬、春になれば山菜採りに行くでしょう、で、雪溶ければ、観光シーズンに向けて、みんな店づくりはじめるでしょ。秋になれば、キノコ採りに行くっしょ。それだって文化だよなぁって思うんだけど。だから、学ぼうっていう気構えはなかったけど、そういうのは身近にあったと思う。どこかに長く旅行に行くっていったら、父親にカムイノミしてもらったりっていうのは、よくあったし。供養に行くぞっていったら、ああ供養なんだなって思って、イチャルパ〔先祖供養〕するし。それが、普通。そういうもんなんだなっていうような感じでね。

D氏は、小・中学生の頃、将来やりたいことというものが特になく、「近くのもの」しか見ていなかったという。

私、職業って本当に悩んでて、よく文集とか作るじゃない？ 学校で。とりあえず、わかんないけど、花屋って書いとけ、みたいな。その頃一番好きだったのは国語と美術だった。絵を描くの好きだったし、本読むのも好きだったし。踊りも好きだったけど、そういう職業があるのかどうかは知らなかったし。民芸品屋やるかなあ、みたいなね、近くのものしか見てないからね。

D氏は、踊りが「好き」といった、具体的な生活経験（「近くのもの」）から得られた感覚にしたがって、自らの進む道を選択しようとしていた。

高校時代は、釧路の祖母の家に下宿。祖母が着物を縫っているのを見たり、祖母の生い立ちを聞いたりしていた。

おばあちゃんがアイヌだったから、大学の先生にアイヌの着物の制作を依頼されて縫っているのを見ていたりした。ばあちゃん、子供の頃の昔話とか、生い立ちの話はよく長々話してくれた。ばあちゃんは地元の保存会の行事にも参加していたけど、私は一緒に行かなかったなあ。何回かは行ったことあったけれど。ばあちゃんに誘われなかったし。

高校生になってからもまりも祭りに参加していたが、決してアイヌであることを意識したうえでの判断ではなかった。

好きとか嫌いっていう感覚じゃなくて、当たり前。行事があるから行こうって。

この頃は、「客観的」にアイヌについて考えるということもなかった。

そんなにアイヌのことを、アイヌなんだアイヌなんだって思うことがなかったかな。それより、親元離れて高校通っていて、アイヌの事考える時間がないっていうか。まあ、ばあちゃんを見てて、考えたりはしたけど、離れたものではないからさ、アイヌっていうのは。アイヌっていうのと自分を離して、「アイヌは……」って考えないでしょ、考えないからさ。なんか、あんまりそういうふうに、客観的に考えることがなかった。だって、実際ばあちゃんがアイヌだし、アイヌの観光地で生活しているし。なんだろ、……そうなんだもん。

ここでも、アイヌであることは、自分を不可避的に巻き込む状況の要素そのものであったといえよう。

そして、それ以上に、将来自分は何をしたいのかが大事な悩みであった。

自分は何がしたいんだろうとか、将来の事とか、そういうのは考えるさ。だいたい高校には自分の進路とか決めて入学するじゃない。私は地元で働くとか。でも、そういう確固とした方向がなかったっていうか。それでとりあえず、自分の好きなものの方に進もうってことで、絵を描いたり、工芸とか、物を作ったりするのが好きだったから、本当に漠然とだったんだけど、それでどんな仕事があるのかなって思ったら、美術部の先生が短大を紹介してくれて、その短大だと中学校の美術教員の免許がとれると知って。あと色々学べて面白そうだなぁって思って、親にお願いして短大まで行かせてもらいました。それで、地元の中学校に一週間だけだったんだけど実習に行ったの。だけど、わたしは教師ダメだと思った。私は役不足っていうのを痛感しちゃって。終わって挨拶するときに号泣してしまった。短大の卒業制作の時は、祖母の絵を描いた。自分の好きな人だから、なんか表現したいなぁって思ったの。

教師になることは断念し、大阪の輸入雑貨の会社に就職する。

大阪っていう知らない土地に期待と憧れがあったし、輸入雑貨にも興味があった。でも、大阪時代はアイヌのことは全然していない。

二年ほどで仕事を辞め、一年くらい阿寒湖で過ごした後、何も決めずにバック一つを持って、千葉へ行く叔父の車に乗せてもらう。そこで、たまたまレラ・チセのことを知り、そこで働くことになる。

それで阿寒湖にいたんだけど、何をしていいのかわからなくてうずうずしていたときがあって、一生懸命居場所作りをしていたんだろうけど、うまくいかなくて。それで一時祖母のところにいたんだけど、おじさんがゴールデンウィークに車で千葉に行くってことで一緒に行ったの。それで、こっちで働こうかと漠然と考えていたんだよね。その時に、ちょうどレラ・チセの四周年記念があるんだよって聞いて、それで初めてレラ・チセという存在を知って、そうしたら、たまたま店員を募集していて。仕事と住居と食事の三つが揃っていたし、ウタリの店だったし。バック一つ持って、ポンと。

D氏がレラ・チセで働き始めたことは、主体的な選択の結果であったとはいえない。それは、さまざまな出会いを通した、「運命としか思えない」ものであった。

こういう出会いがあって、しかもアイヌ料理屋さんで、東京のウタリの人たちがいるっていうので、すごい興味があるなぁ、どんなところかなぁって興味を持った。最初からレラ・チセで働くために来たということでは無いから、こういう出会いがタイムリーに巡って来て、運命としか思えなかった。

D氏は、大阪で覚えた彫金で、「アイヌのもの」を作りたいという気持ちを持っていた。また、レラ・チセで働きながら彫金の勉強もしたいと思っていたが、レラ・チセ関係の活動で忙殺されてしまうもどかしさがあった。

彫金を知ってから、彫金を使ったアイヌの作品があったらな、と思ってそれを地元でやってみたんだけど、なかなかうまく出来なくて。で、レラ・チセに行く前にも、東京で彫金をもっと勉強したいなと思っていて。働きながら勉強することはできないかなと。でも実際に働いて、寮に住んでみても、自分でこうやろうって思っていたことがあるにもかかわらず、レラ・チセ関係の活動の方に気をとられてしまっていて、それでいつも中途半端になっていて。最後にはそれが言い訳のようになってきちゃってて。自分で意思が強ければ、時間を作って出来たのかもしれないけど。今になって思えば、その頃は色々がんじがらめになっていて。

レラ・チセを介して若いアイヌの人たちとのつながりができる。同じ世代でも、考え方が様々であることに気付き、考え方の違いに戸惑うことも少なくなかった。

その頃、お店には若い人がたくさんバイトとして出入りしていて、そこで若いアイヌとのつながりができた。同世代の子たちでも、環境が違って、生い立ちがあってさ、いろんなふうに考えるんだなぁって思った。当たり前だけど、それぞれ悩んでいる人もいれば、真剣に考えている人もいれば、私のようにのほほんとしている人間もいれば、色々だなぁって。早稲田のレラ・チセにいたときは、地元にいるときと全然状況が違ったから、何というか、怖かった。一緒に踊りの場に参加していて、首都圏のアイヌの活動と、地元の北海道のアイヌの活動と、私はちょうど中間で、考えて悩んでいた。自分はどういう立場なんだろうかって、そのときは考えた。関東のアイヌは文化をすごく求めている。北海道の方は、求めなくても有るような気がする。それは土地土地によって違うけどさ。関東の方が、すごく切望しているっていうのがガシガシ伝わってきて。だから、みんなとても真剣に取り組んでいるように見えたし、活動して訴えているように見えた。主張して、訴えて、求めている。そんな中、私は、生まれ育ったのがアイヌに関わる環境だったから、こういうわたしがいて、でもそれは自分で求めたものじゃなくて、その場で私が無意識に育ってきて、それが私の周りにあって、自分で選んだものではなかった。そういう感じでショックだったし、求めてる人たちは歴史、文化、情報色々知っていて。もともとそういう環境にいたけど何も知らなかったっていうのに気がついて、なんだか焦っていた気がする。それで自分が焦って周りに合わせようとしていた。人権関係のイベントにも参加したりしていたけれど、でも、だんだんちょっと違うな、って思いはじめていて。なんかこう考えた時期だったね。別にすべて知らなくても良かったのに、アイヌだから知っておかなくちゃいけないなんて、ねぇ。アイヌの言葉や、歴史や、その他もろもろを知っているプロフェッショナルアイヌに一生懸命なろうとしていたのかも。あるイベントで踊っていたのだけれど、急にむなしさしか感じなくなっていた。アイヌ文化の普及・啓発にはなるのかもしれないけど、私には何も残らないって思うようになってしまったんだよね。

生活に深く埋め込まれたアイヌ文化を状況に応じて身につけてきたD氏にとって、固定化された「アイヌ文化」を論理的な選択によって習得していくことへの転換は、大きな負担になってしまった。阿寒湖での観光客のまなざしに違和感を覚え、アイヌ文化を全体化することなく、「アイヌ」としての存在にはおさまりきらない意識をもっていたD氏が、そのような日常的な意識のあり方を抑圧する方向にむかってしまったといえるのではないだろうか。レラ・チセでは二年間働く。移転にともない寮を出ることになって、阿寒湖に帰る。

なんかその頃は、頭が混乱しちゃってて、なんでそうなってるのかって、わかんないんだよねぇ。あんたはこういう状況のなかで、こうこうしていたから、こうなったんだよ、なんてさ、そんなのその当事者にはわかんないよね。おかしくなっちゃって。

レラ・チセで働いているときに、トンコリ奏者のオキ氏からバンド活動に誘われ、歌を歌うようになる。音楽をはじめたきっかけは、レラ・チセを介した「偶然の出会い」であった。

歌うことはプレッシャーだったね。なんか、ばあちゃんのように歌えないって。だから、人前で歌っていて、これでいいのかってプレッシャーだった。なんかこう、こうであるべきみたいなものを自分に押し付けていたから。で、全然楽しんでなかった気がする。だから、それを楽しんでいるオキさんがすごく不思議だった。

D氏は、「こうであるべき」という全体化された「アイヌ文化」を想定してしまったため、その頃は楽しんでいなかったように感じる。このことは、「プロフェッショナルアイヌ」になろうとして感じた負担と通底するであろう。

オキ氏の音楽の方向性には共感した。

オキさんの目指している方向には共感するところがあったっていうかね。というのは、いろんな音楽があって色々な表現があっていいわけで、その中にアイヌの作った音楽もあって、普通にラジオで聞けるような、ね。民族音楽全集のCD一枚で「アイヌの音楽」とかさ、それだけじゃなくて、ラジオでかかるような、一般の人たちが普通に耳にして心地良いねっていうような、そのぐらいポピュラーなものも、あったら面白いんじゃないかなって思う。そういう試みはすごくワクワクするし、新鮮だしね。

D氏は「こうであるべき」という全体化された「アイヌ文化」を自らに課す一方で、「ワクワクする」という日常的な感覚も、ここでは確かに存在しているのである。

また、現在D氏が夫婦で営んでいるシルヴァーアクセサリーのお店では、「アクセサリーを身に付けた人の気分を変える」ような様々な働きかけをしていきたいという。そこでも、D氏は、自分たちの造ったものを「アイヌの工芸」として見せることはない。

D氏には現在、二人の子どもがいるが、子どもたちに親の希望を押しつけることはできないという。

結局、どうなってほしいって思ったって、子どもはその通りになるわけじゃないから。わたしだって、そうだから。親がそういうことを楽しそうにやっているのを見て、その場にいたりするのが好きだったり、歌を歌うのが好きになったりしたように、わたし自身がアイヌの歌を楽しんでいる自分であれば、子どもも何かしら感じるんじゃないかな。

そして、子どもたちには、「アイヌ文化とは」という抽象的な全体像を教えるのではなく、具体的な人間の出会いによって生まれてきたという「ルーツ」を教えたいと考える。そのような具体的な一人一人の人間を辿る「ルーツ」は、「アイヌ民族」という平板なカテゴリーで捉えることのできない生身の人間に焦点を当てるものである。

その中でも、ルーツを知って欲しいっていうのはあるね。君たちは、お母さんとお父さんがこうして出会って、愛しあって生まれてきて、今、君たちはここにいるんだよって。でもそのもとを辿っていくとこういう風に育って、というような今までの道のりは、教えてあげたい。それが一番ストンではいるんじゃないかな。どうやってそれが自分に関わっているのかを身近なところから伝えるっていうのが大事だと思うな。

第二部　生きられる〈民族〉

日常生活の中に姿をあらわす〈民族〉とはいかなるものであり、そこに人びとはどのように自己を位置づけているのだろうか。運動の論理の次元においては、他の集団との間に固定された境界をもち、内的な文化的同質性を保持する「民族」は、日常を歩む者たちによって具体的な生活経験の中で生きられ、多様な意味を与えられることで、いかなるものとして捉え直されているのだろうか。また、日常的な〈民族〉の認識は、どのような人間同士のつながりを生み出しているのだろうか。第二部で取り上げるライフストーリーは、これらの問題を主題化するものである。その語りは、文化が同質的に共有されるものではなく、ズレを伴ないながら伝達され、拡がっていくものであることを指し示している。それは、常に人間同士の新たなつながりを生み出し続けているのであり、それゆえ日常的な〈民族〉の境界は、けっして固定されることなく、躍動する生命を保っているのである。

五　〈アイヌ〉＝人間として生きる

E氏は一九四八年、旭川生まれの男性。現在、レラの会会長であり、首都圏の四団体を結ぶネットワークとしての「アイヌウタリ連絡会」事務局長である。

E氏にとってのアイヌ文化は、子どもの頃の祖母の記憶と結びついている。

僕の場合は、アイヌである祖母が旭川の東鷹巣《ひがしたかす》に移り住んできたんですけど、旭川のアイヌとの行き来はなかった。近文のアイヌが集まって住んでいた場所から歩いて一五分くらいのところなんだけど、イオマンテとか大きな儀式を覗き見してたことはあったけどね。その祖母とも小学校にあがる前までしか一緒じゃなかったんですよ。その頃に亡くなってるんで。その頃事情はわからなかったけど、祖母に育てられていて、その後は貰い子になって、そこで高校卒業まで生活してた。アイヌ文化っていうのは、直接僕が意識してっていうかたちでは、なかったよね。祖母が何の気なしにしていたことで、後になって「ああそうか」って思い出せる……。それで、祖母と生活をしている中で、やっぱり差別に通じる体験があって、旭川の街を歩くときにアイヌの着物を着てたりとか祖母があまりにもアイヌとして生きていたんだけれども、それに屈せずに俺を守っていたっていうのかな。そういうところがあったから、ものすごく尊敬していたし、今でも時々思い出すけど本当にやさしいおばあさんで、そのおばあさんがいじめられていることが本当に許せなかったっていうのがあるよね。くやしかったんだよね。

幼少の頃のE氏にとってのアイヌ文化とは、「尊敬していた」祖母と過ごした日常生活のなかで、祖母の振舞いを通して感じとられるものであった。

「自分がアイヌだってことはもう、祖母を見て何となく分かってた」というE氏であるが、高校生の頃のある事件をきっかけに、「アイヌであることはやめた」と語る。

高校のときに、ちょっとした出来事があって、河川敷に住んでいたアイヌと関わったんですよね、三家族ですけど。旭川市の方針でそこが強制撤去になって、アイヌがまた住んでいるところを追われるのかってことで、子どもたちと旭川の中を叫んでたことがあった。僕は、旭川の道立の商業高校に行ってたんだけど、その高校から歩いて五分くらいのところの河川敷にいたんですよね。で、学校に行く途中でそこの子どもたちと遊んでて、まあ一緒に勉強したり、子どもたちが当時はリヤカーでダンボールとか鉄屑とか集めていたのを手伝ったり、一緒にやってたんですよね。そんなことが一年ちょっと続いて、そういう出来事が起ったんですよね。まあ、アイヌだけが住んでいたわけじゃないんです、ブルーテントでいわゆる住所不定の人たちが一〇家族以上はいたんですよね。きちっとした家もあったんですよね、河川敷にいっぱしの家を建てて住んでいたんですよね。でもそこが美観を損ねるってことで、全部取っ払われたんですよね。うまくいかなかった、散々だった。それ以来、東京に出た動機も、アイヌはやめて日本人らしく生きようと。アイヌのことは一言も東京では喋らなかった。

アイヌを「やめた」にもかかわらず、E氏は学生運動には参加していたと語る。「運動を挫折したっていうことではなくて、アイヌが声を上げても潰されるだけだということをはっきりと結論付けてしまったということで」。学生運動のなかで、アイヌであることを意識することはなかった。

たまたまね、高校の時に教会に行っていて、それで働きながら行ける神学校があるから試験受けてみたらどうだってことで、町田の神学校を受験したんですよ。それで東京に行ってから、当時の全共闘の影響をもろに受けた。神学校にも機動隊が入ったし。僕は最初の一年は予科生という形だったんですよね。学力が足りなくて本科生になれなかった。でも布団もって出てきてて、北海道に帰る気もなかったから、来年も受けさせてくださいってことで寮に潜り込んだんだよね。だから、まともに勉強したのは一年ぐらいですよ。あとはもう学生運動。キリスト教批判とか宗教批判というのも当時ものすごく出ていた頃だから、その影響ももろに受けて、いわゆる東大闘争の影響というのももろに受けてしまっていて……。僕が属していたのは日本基督教団というところで、そこの牧師になるには試験を受けなきゃいけないんですよね。試験を受けて教師というものになるんですけど、教師には正教師と補教師という階級があったんです。俺の言い方をすれば「階級」なんだよね。正教師では洗礼式とか聖餐式とか、いわゆるサクラメントというものができるんですよね。補教師の場合は、できないんですよね。だから、まず補教師になって経験を積んで、それから正教師の試験を受けるんですよね。僕はこの教職二重制にも批判的な意見を持っていて、教師になることを拒否する運動を行うということが、東京での五年間の中であったんですよ。だから、本来、試験を受けて補教師という役割で現場に行くのが普通なんですよ、そうでなければ行っても宗教法人の代表者にもなれないですし、教会の行事を司ることも資格がなければできないんですよね。でも僕はそれを全部拒否して、何も資格を持っていない者が現場に行ったんですよね。平等だ平等だって言っといて、教師の中に階級制があるっていうのは宗教としてはおかしいんじゃないかって。それで鳥取に行ったんですよ。だからまったく無資格で行ったもんだから、そこの一〇年も本当にすったもんだでね。あと、その時僕は教会こそが色々な市民運動の先頭に立つべきだと思ったし、宗教者である前に人間でありたいっていう、その二つは自分の中で決めて行ったんですよ。ものの考え方が「なんか宗教者くさいな」っていうのが嫌いだったから。

今から振り返ってみれば、その時の「人間」が〈アイヌ〉（アイヌ語で「人間」の意）を意味していたという。

アイヌという言葉は使ってないんだけど、無意識的に自分の中のアイヌというものが、たしかにあったと思います。鳥取に行ってね、まず最初にぶち当たったものが部落問題なんですよね。鳥取というのは解放同盟の部落解放運動がすごく盛んなところだったんでね。疎外され、差別される側の人間をかなり意識していたというか、そういう人たちと関わることで自分の人間としての生き方を求めていたと思います。そこでは、毎晩のように被差別部落のおばあさんたちと話をしていたんだけれども、その時に自分もアイヌだっていうことを話しましたね、北海道にはアイヌの問題があるからって。それから、どんどん今に至るまで突っ走ってきたっていうところがあります。そんな単純じゃないけど。山梨に来た頃は色々な意味で総括をしなければならなかったんだよね。ひとつは、牧師として宗教界で生きていくのかどうか。鳥取の時はもう土方もやってましたから、人間関係ということではいわゆる知識人という人たちとのかかわりも持てたし、そういう底辺の人たちとの、被差別部落の人たちとの関係も含めて、色々な人達との関係を持てたから、まずそういう人達とのかかわりのなかで、自分がどういう人間になろうとしているのか、どうやって生活を成り立たせるかっていうまとめというか、総括をしなければいけないなって。その時に考えたのは、何を選ぶかってことではなくて、何を捨てるかってことなんですよね。結局、自分の場合はほとんどのものを捨てることに決めたんですよ。捨てて残ったのは、日雇いなんですよ。そういう人たちとかかわりたいっていうか、そういう人たちとかかわることがこれからの自分の人間としての生き方なのではないかなって。残ったのはそれだけだったんですよ。やっぱりそういう人たちの気持ちが好きだったし、特に被差別部落の人達と日雇いをやってたんだけど、やっぱり人間らしいかかわりを持てたんですよね。でも、本業としての土方をやったのは初めてだったんです。とてもじゃないけど、勤まるかどうかとても不安だったんですよ。その生活・仕事に慣れるまで、一〇年かかりました。でもね、アイヌはアイヌなんですよ。意識する／しないじゃなしに、アイヌとしての自覚は言葉以上に表れるんじゃないかな。

「宗教者」といった固定的カテゴリーを好まないE氏がそれらを捨てて残ったのが、〈アイヌ〉＝

人間としてのＥ氏独自の生き方であった。それは、Ｅ氏が、平板なカテゴリーでは捉えきることのできない存在であり、独自の生活経験に由来する「理解しがたさ」を伴なう「普通の人間」であることを指し示している。そして、〈アイヌ〉＝人間として、自らとは異なる他者とのあいだに築く関係性こそが、「人間らしいかかわり」であった。

人間らしい関係というのは、単に仲が良いということじゃない。自分が自分そのままで生きられる場所っていうかな。資格とかで飾らなくてもそのまま生きられるところだったというか……、そういう人間になりたかったっていうのかな。その日暮っていうのかな、うまく言えないけど。もう結婚してたし、子どももいたし、その山梨に来た時期に考えたというか、迷ったんだよね。今までの十年間もそうだったんですけれど、やっぱり貧しかったんですよ。牧師の給料なんか貰ってなかったから。日雇いで稼いだお金でも足らなかったんですよね。毎日日雇いに行ってたわけではなく、運動が半分、日雇いが半分、だから週に二日、三日しか働かなかったんですよ。そのほかは全部運動につかってたから、うちのおかあちゃんはたまりかねて働き始めて、二人で働いてやっとなんとか生活ができたっていう。で、自分の性格としてねぇ、自分のやりたいことをやるっていう意識しかなかったから、今でもそうなんだけど。肉体労働をして一日一万円をもらえる、だから肉体労働をやるっていうんじゃなくて、自分がそういう生活をしたいからしたっていうのが正直なところなんですよね。でもそれは家族がみんな同意してたってわけじゃないから、すごい摩擦もあったんだよね。言葉以上に……、大変だった。

このように、E氏が〈アイヌ〉であることは、日雇いの仕事を通じて出会った被差別部落の人々や、「摩擦」を生じさせながらもそのような〈アイヌ〉としての活動を理解してくれた家族との関係性のなかで可能になった。その「人間らしい」関係性とは、固定的カテゴリーで自分を飾ることのない生身の人間同士の関係性であり、それは安定することなく、特に家族との関係性は、その都度の状況に応じて、「同意」と「摩擦」のあいだを揺れ動くことになる。

E氏は九二年に、「アイヌ宣言」と言われる文章を書いているが、それは〈アイヌ〉＝人間らしく生きたいという思いの延長線上にあるものであったと語る。

萱野茂さんの国会活動の時に、当時の社会党の集会での大会宣言を書いてくれないかって頼まれて、「アイヌ民族の権利回復を目指す宣言」を書いたんですよね。結局、あれは大会宣言ではなく、自分のアイヌとしての今までの総括みたいなもので、それはもう、人間として生きたいっていう、それまでも思っていたことだけれども、より人間らしく自分らしく生きたいっていうことでね。隠さずに自分そのままの人間としての生き方をしようっていうことはずっと考えていたからね、じゃあその人間って何なのかっていったら、それはアイヌだったたっていうことなんだよね。ウソも言わずに、自分のばあちゃんのことも子どもたちに隠さずにね。そういう自分の北海道のことも子どもたちに話すことが必要になったということもあってね。子どもたちも小学校高学年から中学校にあがる時期になってたから、色々なことを考えはじめて、やっぱり何か自分の生き方というものをもう少し具体的に示す必要があるんじゃないかなって思い始めてきた、自分が落ち着いてきたっていうのもあるんだけどね。その時に、アイヌっていうのが自分にとっての一番大きなテーマだと気づかされたっていうのかな。自分にウソをつきたくなかったていうのも……。だから、あそこでガラッと豹変したってわけじゃなくて、もともと人間として生きていきたいと思ってきたことのあの時点での現われだったと思うんですよね。高校生の時に一度は日本人として生きようと決めたのですけれど、出来なかったということです。そういう「うわばみ」を持ちながら生きられると思ったんだけど、それができなかったということですよね。自分の中にいつも見つけて、それによって「ああしよう」「こうしよう」って思ってきた、そのことがアイヌだったということ。

E氏にとっての〈アイヌ〉は、祖母の生き方を理想としたE氏独自の生き方をあらわしていたため、いわゆる「伝統文化」を同質的に受け継いでいる「アイヌ民族」というカテゴリーとは別個のものであった。

伝統文化の継承を考え始めたのはもう、九一年にレラの会に入ってからです。それまでは、アイヌの文化・伝統っていうことについては、受け継いでないということもあって、意識がなかったです。伝統文化を身につけていないということが葛藤になることもありませんでしたね。誰でもそうだと思うんですけれど、身近な祖母がアイヌとして生きているところを見ていることが自分の中での出発点になっているから、アイデンティティの葛藤があったとか、そういうことはなかったですね。祖母の生き方が理想になってるというよりは、それしかもってなかったから。それしか知らなかったしね。

しかし、〈アイヌ〉が、固定的カテゴリーで捉えきれないE氏の生き方を示すものであるがゆえに、同質的な「民族」を形成し得ない一方で、前述の宣言文の中では、「我々は日本社会の中で、いかなる権力に対してもわず、同化政策による日本人化（シャモ化）に対しても抗いつつ、生き続けてきた誇りある『先住民族アイヌの子孫』であることを宣言する」といった語りがなされており、「アイヌ」／「日本人（シャモ）」の固定的二分法も示される。つまり、E氏は自らの運動のなかで、この二種類の「民族」を巧みにつなぎあわせているのである。ここには、運動の論理を主張しつつ、同時に、それらの言葉の平板化に抗する日常を生きていくという往復運動が見出される。

ただね、シャモとアイヌの違いっていうか、飛躍した言い方をすれば、差別する側と差別される側の関係というものは、やっぱり無意識的に自分の中にあるっていうのは否定できないです。日本人は差別者だって。俺の中では極論ではないんだよね、俺の中ではごく自然に、自分の人間関係の、誰かとつきあうときの基礎としてある。なんかそれは拭えない、否定できない。

E氏は、山梨でアイヌ民族を取り巻く問題について考える市民運動のグループを立ち上げており、そこにレラの会を招いた。それをきっかけにして、レラの会にも携わるようになっていく。E氏は今日までのレラの会での経験を振り返って、メンバーをアイヌの人たちに限るというレラの会の人間関係の特徴について語る。

その是非ということではないんですけれど、ただ何か行き詰ったときに、なんか「運命共同体」みたいな感じでね、友達っていうのは色々なことで同意したり交歓したりするのに一定の条件が備わってそうなると思うんですよね、レラの会の場合は「アイヌだからみんな仲良くやらなきゃいけないんじゃないか」っていうことで、それが狭い人間関係に終始してしまうことに繋がるんじゃないかってマイナスに考えることも時々あります。アイヌ同士の関係の強さというか、……時々嫌になるけれど。でもね、アイヌ同士の人間関係っていうのは、なんて言うのかな、……気楽だよね、気楽っていう言い方はおかしいけど、あんまり無理しないでできる……、シサムと一緒にやってる「アイヌ民族の権利回復を求める会」とかの場合は、無理してるってわけじゃないけれど、けっこう姿勢を正さなきゃいけないってのはある。求める会は、目的っていうものを考えるから、みんながその目的にどういうふうに関わってくれるのかって考えるんだよね。俺の場合はアイヌとしての役割を果たすっていうことだよね。

レラの会では、自らの生き方としての〈アイヌ〉とは違って、「アイヌ民族」としての同質性が強まることがある。それはある種の息苦しさをE氏に感じさせている。しかし、同時にレラの会は、息苦しさをメンバーに与えないように機能しているとも思われる。そこには、「姿勢を正す」ことのない「気楽さ」もあり、また、活動に疲れたメンバーが一時的にレラの会から離れるということは、実際に行われている。E氏は、そのような「運命共同体」にはならない場として、レラの会が運営するアイヌ料理店レラ・チセを捉える。

E氏は、レラ・チセという「日常的」な場で、生活経験の異なる生身の人間同士が「何かおかしい」という感覚について語り合う対話的関係性の中から何かが始まることを期待する。

レラ・チセでの出会いは、レラ・チセに関わる何人かのアイヌにとっては日常的であって、そういうなかで色々な話題を話せる場というのは必要だと思うし。僕はレラの会にこだわらないんだけど、じゃあどういうものを求めるのかって言ったら、やっぱりアイヌが気兼ねなく集まって、さらにシサムの人たちが関われる、そこで何か始まればそれに越したことはないんじゃないかな。人間が一人、二人集まれば、それはアイヌももちろん日本人もそうだけれど、やっぱりその話の中で「これはおかしいんじゃないの」っていうのが出てくると思うんだよね。僕の場合は、「何かおかしい」っていうのが出てきたら、「じゃあその元は何なんだ」って。そういう関係の中で一つ一つの作業が出てくるっていうのが、今までの生き方の中ではいつもあった。

「立場で生きる」のではない、そのような「人間らしい関係」は、単に「仲が良い」という関係性ではなく、ある種の「生々しさ」が伴う関係でもあった。

日雇いの世界に入ると、僕は今親方っていう一つの立場なんだけれど、作業員一〇人に働いてもらうんですよね。いわゆる管理をしなければ統一がとれない、ばらばらでは仕事がはかどらないんですよね。でも、極力僕は自分の立場を無視して管理をしていないんですよね。だから一緒に仕事をするんです、スコップ持ったりして一緒にやるんですよね。だから、管理をするっていうよりもその人その人のやり方で仕事がうまくまわるようにただ見てるだけなんですよね。だから、人との関わり、仲間作りっていう、レラの会も含めて、レラ・チセでの仲間作りということでいつもイメージすることは、その人その人が活かされて、自分の力を充分に発揮するという状況をつくることなんですよね。立場で生きるんじゃなく、ね。でも、けっこうそれは生々しいよね。悩むことが多いし、挫折しそうになることも多いんだよね。それはもう土方の世界でも、アイヌの世界でも本当に切々と感じています。でもそれにこだわりたいし、こだわるっていうよりも、それしかできないんだよね。

E氏は、日常生活の場での「人間らしい関係」において文化伝承がなされていくべきだと語る。そのイメージが具体化したものとして、北海道各地にある「生活館」(8)を東京に作ることの要求がある。

最近の講演とかで、本来のアイヌの文化伝承の形態が文化振興法ができてから変ってきたというふうに言うことがよくあるんですよね。どういうことかというと、以前はエカシがいて、フチがいて、共同生活みたいな感じで身近なところでアイヌがわいわいやってるなかで自然と伝承活動が行われていたけれど、今は本を読めば分るし、自分が何か新しいことを始めれば、それで何かを身につければ自分が文化伝承の先頭に立ってしまうんですよね。それは若いアイヌに対する俺なりの批判なんだけれど、それぞれが年に関係なく文化の伝承者という立場になってるんです。特に文化振興法以降、それがお金になるからね。本来の文化伝承はそういう形ではなくて、エカシ・フチ〔おばあさん〕が毎日の生活、日常的な生活の中で、一つの仕草なり言葉遣いを受け継いでいくことが本来の文化伝承だと思うんですよね。だから、そういうことができる場所っていうのが、生活館だと思うんです。寝泊りもできるし、食事もでき、アイヌが集まれる、そして本来の伝承活動ができる場が生活館だと思うんです。このあいだ東京都の職員の人たちと議論したんですけれど、行政の人たちは「アイヌ文化交流センターがあるじゃないですか」って言うんですよね。書籍があり、ビデオがあり、伝承活動もできるってね。でも一番違うところはやっぱり、そこで日常的な関わりをもてないということ、一週間なら一週間、一年なら一年そこで寝泊りをして、アイヌがわいわいやりながら何気なく関わることができないってことなんですよね。北海道にある生活館のすべてがそうだというわけではないんですけれど、僕のイメージする生活館はそういう日常生活の場なんですよね。

首都圏に複数のアイヌ民族のグループがあることについては、「首都圏のアイヌは一つになるべき」と最初は思っていたが、〈アイヌ〉＝人間としての関係で「一つ」になるのは、難しい。そのような関係には「生々しさ」が伴うからである。したがって、各団体が寄り合って連絡会というネットワークを作るやり方のほうがスムーズに行くと、E氏は考えるようになった。

単純に、本来首都圏のアイヌは一つになるべきだって、俺は思っていたからね、分かれないで。連絡会というものが色々な活動の出発点になれるように、今まで努力してきたつもりだし。でも、一つになるってことがここまで大変なことだとは予想もしてなかったけど。人間関係の生々しさというものを考えれば、大きなグループになるのは難しい。そういう意味では、各団体が寄り合って連絡会というネットワークを作り、大事な行動に関しては一緒に手をつなぐっていうやり方のほうが、スムーズに行くのかなっていう気はするけどね。最近は一緒になるのは難しいかなって思う。

近年、「自然と共に生きるアイヌ民族」という語り口が一般化しているが、それに対してE氏は、親子の関係も含めた具体的な生活の問題として「自然と共に生きる」ことを考える。

仕事柄、そう言いつつも山を荒らすし、伐採もするし、「アイヌはこうなんだ」っていう表現の誇張はちょっとやりすぎなんじゃないかな。ただ、アイヌが基本にしていることは、必要以上のものは取り込まないってこと。一つの例を言えば、必要以上に食べない。具体的に自然と共に生きるということが実践できないということの方が多いわけだけど、その中で何が自分に実践できるのかっていうのは見つけていかなきゃいけないですよね。俺今ね、一日一食なんですよ。何を思ってそうしてるかっていうのは色々あるんだけど、自分が今まで持っていた五感ね、これを少しでも元に戻さないといけないんじゃないかなって、すごく感じてるんですよね。みんな美味しい、美味しいって言っているものが本当に美味しいのかっていうことを自分なりに確かめてみる必要があるだろうし、今大事にしているのは、玄米を食べるってことなんだよね。単純に言えば、満腹感っていうのが嫌になったんだよね、無理して嫌なことを続けることないじゃないかって単純に思った。ひもじいっていうか、空腹感をいつも自分がもつことで、そりゃイライラするとか、俺なんか肉体労働してるからエネルギー切れで何もできないこともあるんだけれど、でもそういう中で考えるということをもう一回体験したいっていうかな。今は夜だけ食べてて、栄養のバランスは気にしているんですけれど、そうやってるとよく考えられるようになるし、寝起きもはっきりしてくるんですよね。やたらと眠くないし、朝起きてもダラダラしないんですっきりするんですよね。その一日一食にしたきっかけっていうのがね、一番下の娘に怒られたんですよね。子どもから攻撃をくらったのは久しぶりで、「お父さんはお父さんらしいことを何もしてくれてない」って言うんですよ。それで、「お父さんは今の生き方でいいの」って。じゃあ、自分の世界観っていうか、生き方っていうものを少し根本的に考え直すにはどうしたらいいのか、その時に思ったのは、自分の体を変えるっていうのは同時に自分の生活を変えるってことになるし、興味も変ってくるし、見るものも変ってくるし、関わるものの関わり方も変ってくると思うので、その辺から自分を見直してみないと、子どもに見放されちゃうなって、正直なところ思ったんですよね。それで、栄養のバランスのこととか本で読んでみるとね、やっぱりビタミンとかが不足になってくるんだよね、俺もずっと走ってるから、一〇キロ、二〇キロ走っちゃうと貧血になっちゃうんですよね。でもその時に今やっていることは、目の前に柿の木があれば柿の葉っぱを食べちゃう、で、消毒していない柿の葉を選んでお茶も作るしね、それで走ってると、杉菜もたくさんなってるし、ヨモギもいっぱいあるので、杉菜を乾燥させてお茶にしたり、けっこう自分を助けてくれるものって自然の中にはあるんですよね。最近は、腹が減ったら杉菜をちぎって食べたり、けっこうするんですよ。不思議なもので、こんなにお金を使わなくても、神経を尖らせたりしなくても、けっこう生きられるんですよ。僕の場合は都会じゃなくて田舎だから、山に行けば食べられるものもあるわけで、それをちぎって食べたりとか、けっこうおもしろい。それで、生活観とか生き方に関して、子どもが反乱を起こしたことに少し答えることができるかなって努力してるんですよ。

E氏にとって運動とは、「普通の人が普通の疑問をもって普通の訴えをする」ということ。生活のなかで、自分が〈アイヌ〉＝人間として疑問をもち、訴えること。

俺の中で一番大切にしていることは、普通の人が普通の疑問をもって普通の訴えをするってこと、一人の人間が「これはおかしい」って思うことを大事にしたいっていうことなんだよね。その感覚を自分がいかに素朴な形で維持できるかっていうこと、だよね。だから勉強するっていうことも、知識を高めるっていうことではなくて、疑問を疑問って思えるような、そういう勉強をしなければいけない。運動は俺にとってはもう生き方になっていると思うんだけれど、疑問を発する自分をどれほど高めることができるか、成熟させることができるのか。成熟している自分が発する問いというものは、正しいと思う。やっぱり疑問を疑問として、問題を問題として考えられる自分を創るっていうことが、僕にとっては一番の目的。今自分にできることは、一つ一つ、生活の中で体験していく、生活の中で自分を試していくってことだけですね。どうやったら人間の姿になれるのかってことを考えて、努力しているんだけれど。

六　生きられる文化の伝承

Ｆ氏は、一九六四年、釧路生まれの男性でレラの会会員であると同時に、現在アイヌ料理店レラ・チセで経理及び料理を担当する。

Ｆ氏は、小学校三年生の時に、阿寒湖アイヌコタンに移る。釧路と阿寒湖の違いを次のように語る。

釧路はアイヌがいるにはいるけど、今だってそうだけど、みんなが表立ってアイヌって言ったりしない。阿寒湖はコタンの中だからさ、みんながお互いをアイヌだってわかってるから、完全に。当時の俺でも、なんとなく、わかってた。観光地でしょ、それでアイヌを売りにしてるでしょ、木彫りから民芸品から踊りから、そこにみんなで固まって住んでて、お客さんが来るわけでしょ、だから全然違うよね。お袋がアイヌでしょ、釧路にいたときは、そもそもその家は山本多助がいた家なんだよね、うちのばあさんとかもみんな住んでた家、そういう昔っからのこともあって、うちにはすごいアイヌの人が来てたんだよ。釧路の地元の人とのつきあいもあったし。春採だから、あの辺アイヌが多いでしょ。だから、つきあいがすごいあって、お袋の友達の子どもと当然仲良くなるじゃん、それはやっぱりアイヌなんだよな。それは、顔つきでわかってた。ガキの俺でも。で、そういうふうに来て、子どもを連れて遊びに来てるアイヌでも、その子を馬鹿にしてたんだよ、それは今でもはっきり覚えてるよ。「外人！」とかさ。

小学校では、圧倒的に日本人の子どもの方が多かったが、アイヌ民族の子どももわずかながらにいたという。そして、アイヌ民族の子ども同士はお互いを「意識していた」ようだった。

あいつはアイヌだな、とかって話題にしてるのは、アイヌの方が多いのかな。差別するのは、当然日本人の方がするんだけど、アイヌ同士はやっぱり意識するんじゃないのか。俺も、やっぱり学校行ってすぐにそいつを意識したもんな。でも、同じアイヌ民族だからどうこうっていうのは、ないいな。学校じゃなくても、遊ぶ友達も日本人の方が多かったし。

釧路では基本的にアイヌ文化に触れる機会はなかったが、祖父の山本多助氏と出かけた時や、阿寒湖に行った時に見ていた。

じいさんがおれをベカンベ祭り(9)に連れていったり、帯広のほうのアイヌのなんだかの集まりに連れて行ったりっていうのはあるよ。自分が行くときに、ただ連れてったたっていうだけなんだろうけど。あと、阿寒湖にも親戚がいたから、しょっちゅう行ってたし。歌まで覚えて、口ずさんでいたよ。

阿寒湖に移ってすぐに、差別にかかわる出来事があったと語る。

阿寒湖に移ってすぐ、近所のアイヌの同級生が差別されてたんだな、転校する前から阿寒湖にはちょくちょく行ってて、何人か同級生がいて、よく知ってたわけ、で、転校してすぐだったと思うな、そのうちの一人がいじめられたんだよ、「アイヌ！」とか言って。体のデカイ女の子にさ。それで、「アイヌ！　アイヌ！」っていじめられたって言って、で、仇とったんだよな、仲間うちで。そいつを助けるためにさ。まあ仇っていうのは暴力だよ。その女をやっつけて。で、それが、大人になってわかったんだけど、すごいあったらしいんだよ。俺は何も気にしなかったんだよ、自分そういう経験ないし、今までに学校でそんなことあったの知らないで、釧路でもそうだし、転校してからもその一件だけで、その後も特になかったんだよ。

しかし、阿寒湖に移ってからも、アイヌ民族というものに対して明確な印象や意識をもつことはなかった。「好きとか嫌いっていう感じもない」。

学校に行ってるときも、普段の生活でも特に意識してることなんてなくて、ただ、普段の生活のなかに、そういうアイヌのものが当たり前のようにあるっていうだけだよ。コタンの中でスピーカーで歌が流れてたり、毎日広場で踊りやってたり、今はチセのなかでやってるけど、昔は外でやってたから。だから見えるし、遊んでりゃ、やってるし。普段から当たり前のようにアイヌのもの見てるから、かえって意識しないんじゃないか。それでほら、ちょうどその頃、俺が小学生の頃、ユーカラ劇(10)もできたときで、コタンもそういうことで盛り上がってたみたいだった。で、阿寒湖でユーカラ劇の公演をやったり、阿寒町でやったりさ、もろにうちのコタンのアイヌの人たちがワッと前面に出てきてるときだったよ。うちのじいさんが先頭になってそういうことやってて。で、小学校に公演にも来たことあるよ。パリで公演やった後も、その公演の結果の報告を小学校に話しにきたりさ、小学校に写真が貼ってあったりさ。そういうのを見ても特に何か意識したりもしないし。逆に自慢してた、俺。うちのじいさんなんだとかさ、うちのおじさんなんだとかさ。

F氏は、「アイヌのものが当たり前のようにある」日常生活を過ごしていたが、それらのものが「好きでも嫌いでもなかった」。日常の中で耳にするアイヌ民族の歌を覚え、その頃祖父・山本多助氏を中心に始められたユーカラ劇のことを学校で自慢したりもしていた。その反面、F氏が自ら積極的にそれらのものに関わろうとすることもなかった。阿寒湖アイヌコタンには子どもも参加する「保存会」があるが、F氏の年代の子どもたちはどういうわけか行っていなかった。このように、F氏とアイヌ文化の関わりは、首尾一貫するものではなかったのである。

アイヌであることを特別に意識することはなかったが、「自然にアイヌとしての意識がついていった」という。それは、前述の首尾一貫しないF氏の実践を支える、柔軟な自己意識であった。

この歳になって思うのは、意識はしてなかったけど、そういう場所のなかで生活してることで自然にアイヌとしての意識がついていったんだと思うな。何にも言われてもいないし、やれとも言われたことないけどさ。今はアイヌのことをやりはじめたから余計にさ、「あの時の考えが今あるんだな」とかさ。だって、当時気にもしてないんだけど、ガキなのにカムイノミの真似して遊んでたからな。一番、思い出すのはやっぱり、帯広出身のうちのばあさんのところに、まりも祭りのときに、帯広の女の人たちがさ、集まってきて、歌を歌って、酒も当然飲んで。その人たちが来る前に、うちのばあさんがトノト〔酒〕を仕込んで、それでその日を待ち遠しく待ってたよ。で、その時は女の人だけなんだよ、それでウポポ〔歌〕をやって、踊りをやって盛り上がるんだよな。俺は、おっかなかったよ。子どもがその場所にいるのはダメなんだよ。その茶の間にな。歌が聞こえてきて、踊ってるのがドタドタ聞こえるんだよ。だって一〇人とかいて、茶の間で歌ったり踊ったりしてるんだから。それは、阿寒湖だけじゃなくて帯広でもやってたな、ばあさん帯広出身だから、しょっちゅう帯広の保存会の集まりみたいなところに行ってたし。

その頃、「流行りみたいなもので」、阿寒湖中の子どもがお寺で習字を習っていた。

坊さんが教えてくれて。みんなが行ってるから、遊びに行くみたいな感じで。楽しかったからだよ。月に一回、お経あげたりしてさ。座禅組んだりさ。その後にお茶とお菓子が出て、それが楽しみだったりさ。おかしいなんて思わない。そういうところも同化されてるんだよ、きっと。それで、俺らは気にもしてなかったけど、まりも祭りで神社に行くでしょ、それもよく聞かれたんだよ、変に思うでしょ。でも俺らは普通だったんだよ。だって、正月そこの神社に参拝に行ってたしさ。神社の祭りには阿寒湖中で盛り上がって、みんなで神輿担いだり、その辺は普通の日本人と一緒なんだよ。それは本当によく言われたよ、なんで侵略した日本人の神社にね、アイヌの格好して、まりも祭りのときに参拝に行くんだって。前田一歩園に行くっていうのも変だって聞いたことがある。前田の像の前で奉納舞踊をするのも変だとかよ。アイヌから土地を取った日本人に対してそういうことをするっていうのは変だって、こっちに来てから言われて、そう思ったけど、もう俺らの時代の時には、その前田光子さんていう人がすごくアイヌに慕われてたよ。アイヌをすごい面倒見てくれたわけ。ここはもともとアイヌの土地なんだから、みたいなことを普通に言ってたらしいし、で、優しい人で、「奥さん」とか「奥様」とか言われて慕われてたんだよ。

日常生活の場においては、「和人」／「アイヌ」＝「侵略者」／「被侵略者」という二分法から逸脱する関係性が見出される。

阿寒湖の日々の生活の場においては、和人が「侵略者」として意識されるとは限らない。

俺は今アイヌのことをやってるから、日本人はアイヌを侵略したんだとか考えるけど、つい何年か前まで、「侵略」っていう言葉も、レラの会の集まりに顔を出すとそういう話をしてるわけで、それがすごい嫌だったもん。「なにが侵略だよ」みたいにさ。ただ、アイヌのことをやりだしてから、そういう事実がはっきりわかってきて、すこしずつ変わってきたな。

中学生になると、アイヌに対する関心がさらになくなり、高校生になるとますますアイヌから離れていったと語る。しかし、高校生の頃は、下宿先で阿寒湖アイヌコタンの「お国自慢」をしていた。

中学になると、余計に、なくなるんだよ。色気づいたり、大人になってくるでしょ、そうすると、その年代くらいからどんどん離れるんだよ。それこそ、和人とまるっきり、どんどん一緒になっていくんだよ。しまいに格好悪くなってくるんだよ、凝り固まってるような感じでさ。関係ないや、みたいな感じになってきて。クラスの和人と同じことに興味もつからな、本当に。高校行ってから、ますます色気づくわけだけど、下宿でお国自慢するんだよ、みんな地方から来てるから。で、俺なんかはアイヌのこと自慢してたな。その時には恥ずかしいとも思わなくて、「俺、アイヌなんだ」みたいに自慢してた。聞かれもしないのに、自分から言ってたもんな。

高校生ぐらいの頃から、意識の上では、アイヌであることを自覚するようになってきたという。だが、民族の違いについて「深く考える」ことはなかった。

やっぱり高校生ぐらいの頃から「アイヌなんだ」ってことを意識してたんじゃないか。高校は美唄《びばい》だったんだけど、アイヌが少なかったんだよ。それで逆にアイヌを意識するようになったんじゃないか。でも、民族の違いとかっていうのを、深くは考えないな。高校の後も、新得《しんとく》って町で就職して、やっぱりアイヌなんていないんだよな。でも、自分からアイヌだって言って。東京に来てもそうだし。アイヌっていう気持ちがハッキリしてたと思うよ、わだかまりみたいなのもないし。

しかし、アイヌ民族のことをもっと知りたいという気持ちにはならなかった。「身内にアイヌのことを聞いたこともないし」。祖父をはじめとして、周りの大人たちもF氏に「アイヌのこと」を教えようとしなかったという。その理由をF氏は次のように推測する。

やっぱり差別されないようにとか、別にアイヌのことやってても得もしないし、「やる必要ないよ」って思ってたんだと思うよ。うちのじいさん、ばあさんとか、特にそうやって指導者的立場でやってたにもかかわらず、そういう話は一切しないし、やれとも言わないし、お袋もそうだったし、おじさんおばさんもみんなそうだったからな。やりたけりゃ、やればいい、みたいにさ。

道内で就職し、その後東京へ移ったが、アイヌ民族のことをやりはじめるまでの間は、阿寒湖に帰ったときも一切アイヌのことには関わらなかった。

誰もやれとも言わないし。嫌だとも思ったこともないし、なんの興味もわかなかったってことだな。ただ、気持ち的にはアイヌだって思ってるんだよなぁ……。

アイヌのことを嫌だとは思わなかったが、何の興味もわかなかった。でも、気持ちの上では自分をアイヌだと思っていた。今から思うと矛盾しているように感じるが、その頃はそのことに違和感を覚えることはなかった。

F氏は、東京に来てすぐに、おばさんに誘われて、レラの会の集まりに顔を出していた。

東京来てすぐだから、一七年前かな。その頃、たまに、おばさんに「おいで」みたいに言われて、ぽつぽつは顔を出してたよ。一回目か、二回目のとき、普通に「遊びにおいで」って言われて、何気なく行ってみたら、いきなり舞台に出させられたんだよ。断りきれないような雰囲気にされたんだよ。みんなに紹介されて、これが誰々の息子でって、そうしたらみんな歓迎してくれるでしょ。それで、「じゃ、ムックリやれ」ってなってさ。まんまとやられたって感じで腹が立って、もう来ないぞって思ったもん。アイヌが固まってなんかやってるのが嫌だったんだな。変に固まって、なんで差別なんか訴えるんだ、とかね、そういう仲間だけで集まってなんでそういうことするんだ、みたいにさ。それから、ただ集まってるところには行ってた。

レラの会には、昔からの知り合いに会うのを懐かしく思って行っていた。アイヌ民族のことに興味があったわけではない。

ちょっと矛盾してるかもしれないけど、昔からの知り合いがいるとか、やっぱり懐かしさもあって、そういう人に会いたいっていう気持ちはあったんだよ。釧路にいた時に見たなっていう顔を、うっすらと何人か覚えてたんだよ。俺の親のこと知ってるし、身内のこともみんな知ってるじゃん、すごい懐かしく感じて行ってたんだよ。向こうも懐かしく感じてくれて、「よく来たね」みたいにさ。だから、レラの会っていっても、アイヌのことやってるっていうよりも、みんなでただ集まって、喋ってるところに行ってたんだよ。

レラの会は、当時、アイヌ文化の伝承といった目的のために集まる会ではなかったという。F氏は、その当時のレラの会の雰囲気を次のように語る。

俺はもちろん踊りの練習なんてしないから、そういう人間でも当たり前のように「俺はやらないよ」って言ってられるような雰囲気だな。それと、無尽やってたんだよ。それはね、誰が考えたのかわからないけど、昔北海道の釧路にいた頃もやってて、そういうことをやることによって人が集まるわけだよ。レラの会もそういう雰囲気でさ、無尽をやるのに、ただ集まってきて、各人が持ってきた弁当をみんなで分け合って食べてたりさ、ただ喋ってるだけなんだよ、ごく普通の話を。俺、練習してるのなんて見たことないよ。俺が東京来てすぐの頃は、しっかり練習をやるなんていう雰囲気じゃなかったもん。何をやるということもなく、ただ会って喋ることを、みんな楽しみにしてたんじゃないか、懐かしくて。俺もそう思ってたし。俺なんかその頃二一か二でしょ、それでおばさんばっかり集まってるでしょ、普通は行きたくないよな。北海道では生活館があって、そこでは定期的になんかやったりしてるところに、そこに行けば誰かいるんだよ、相談員がいたり、事務員みたいなのがいたりさ。でも東京はそういうのがないでしょ、だから余計そういうことやって集まりたかったんじゃないの。それで、本当に楽しそうなんだよな、そうやって喋ってるおばさんたちが。イベントに行っても、たしかにアイヌ文化を見てもらいたいって思ってるんだろうけど、みんなに会いたい、懐かしいからって感じのほうが強いと思うよ。この前、関東のアイヌで合同でイベント行ったじゃん、あれもそういう雰囲気だったよ。もちろん、アレはアレできっちりやんなきゃっていう気持ちはあるんだけど、ただ女の人たちは本当に楽しそうなんだよ、踊ることが、みんなでやることが。みんなで集まることが嬉しいって、それはすごい思ったもん。

決して、踊りの練習等の活動目的に応じた固定的な集団を形成することなく、アイヌであることに基づく緩やかなまとまりが形成されていたようである。そのまとまりが「緩やか」であったために、和人の参加者もいた。「おばさんを慕って来てたみたいだな」。このようなレラの会の性質は、現在においても見出される。

レラの会はそもそも政治的な活動とは関わらないって言ってるんだけど、でも実際に都庁に陳情に行ったりしてるしな。会としてはね、そういう話をみんなの前でしても、みんな興味もたないと思うんだよ。興味ない人は行くって言わないしな、「俺は行けないから、代わりに行ってくれないか」って言うし、俺は今ではやろうって思ってるから、「行く」って言うし。そういうとき、レラの会の場合は、会議して考えをおんなじにしようとしたりはしないよ。そうすると、集まってこないでしょ。離れていく人も出てくると思うよ。

F氏は十年ほど前からアイヌ文化に関心を持つようになったという。ただし、それは、祖父をはじめとした身近な人々が伝承してきたアイヌ文化であった。

なんか知らないけど、あらためてじいさんの書いた本とか見るようになってよ。「なんだ、立派な、貴重な人だったんじゃねえか」ってそのときに思ったんだよ、はじめて。もっとじいさん、ばあさんとか、言ってくれればよかったのになぁとか思ったよ。それは、歳だと思うよ。歳をとったから、そう考えるようになったと思う。みんなそうなんだよな、若い頃離れて、歳をとってくると、気持ちがそういうふうになってきて、みんなアイヌのことやりだすんだよ。

それからまもなく、レラ・チセ移転の問題で、店長をしていたおばさんの佐藤タツエ氏から、建設業で会社を経営していたこともあるF氏が相談を受けるようになり、徐々にレラの会の活動に関わるようになっていった。みんなと接するなかで、アイヌ民族のことに関してやる気がでてきたのだという。

意識がガラッと変わったのは、ここに移転するって話が出てきて、で、その時に佐藤タツエに相談されたっていうのがはじまりなんだよ。経営に関すること、不動産に関すること、だな。で、それから頻繁にレラ・チセにも行くようになったんだよ。店を買うってことになって不動産物件を見るわけで、それで、みんなの様子を見てたら、みんな素人なわけよ、物件の見方から何から知らないから。それで自然に、俺もやってたんだよ。そのうち、俺が全部物件を見に行ったりするようになってよ。土曜日になると、その話でみんなが集まってくるわけ。わざわざ仕事が終わってから、夜中に来たりするのよ、わざわざ山梨から来たりさ。毎週だよ。そういう姿を見て、俺もこれはやらなきゃならないなぁ、みたいになったわけ。みんなで店やるぞっていう真剣さが伝わってきたんだよ。素人で何もわかってないんだけど、その姿勢が一生懸命でよ。そうやって、どっぷりやることになったんだな。その時もアイヌのイベントがあったりとかしててさ、踊りとかもするわけよ、でも俺はやんないわけよ、みんなはやっててさ。レラ・チセで店出すっていうときも、仕事休んで俺が車運転して行ったりするんだけど、踊りはやろうっていう気にならなかったんだよな。それで引越しの日取りも決まって、向こうのレラ・チセで引越しのカムイノミをやることになったんだよ、その時も俺は出てないんだよ。おばさんに座れとか言われたけど、隠れてたんだよ。だけど、ここの地鎮祭やるってことになって、アイヌのやり方でやるってさ、Eさんが。Eさんがすごい一生懸命調べてよ、自分たちでやったんだよ、誰かを呼んだんじゃなくて。かなり苦労したと思うんだ、Eさん、いろんな思いしてさ。で、なんか知らないけど、カムイノミだけやる気になったんだよ。踊りよりも先に俺はカムイノミをやろうっていう気になったんだよ。それで地鎮祭のときにはじめて着物も着たんだよ。男がまずやれなきゃいけないってことでことで、カムイノミになったと思うんだよ。男がやらなきゃいけないこと、イナウケ(11)とか、それをまずやれるようになりたいって思ったんだよ。あれをやれなきゃ恥ずかしいっていう話なわけよ。佐藤タツエは、とりあえず踊ればいいんだって言ってたけど、それはできなくて、だから踊りをやるようになったのはつい最近だよ。いまだに、アイヌ語は真剣に勉強しようとは思ってないけど、なにかしらやってると、アイヌ語も調べるようになるんだよな。そうやって自然に、必要なときに調べていくことになればいいんじゃないか。気持ちが、どんどん、どんどんアイヌのことをやろうっていう気持ちになったとしか言えないなぁ、みんなと接して余計。で、頻繁にイベントにも参加するようになったし。

F氏がアイヌ文化について学ぶようになったことを、母親やおばさんをはじめ、身内の人たちが喜んでくれた。それでF氏はさらにやる気になったと語る。

喜んでくれたな。おばさんは、ここの地鎮祭のときは泣きそうになったって言ってたよ。お袋に着物作ってくれって言ったら、一ヵ月で二着も作って送ってきたりさ、喜んでるんだなってすごい思ったよ。

そして、F氏は徐々にアイヌ民族の活動をするようになったことを振り返って、おばさんにうまく導かれていたと感じる。F氏の伝承活動への取り組みには、叔母との日常の関係性が大きな影響を与えていたのであった。

これもうまく嵌められたなって感じだよ。やってよかったなぁって思う反面、「まぁた、やられたなぁ」って感じ。佐藤タツエには非常に感謝してる。釧路にずっといて、普通に生活してたら、今みたいにやっていたかわかんないよな。やっぱり、こっち来て、おばさんがいたからでしょ。ずっとそれをやってたでしょ、佐藤タツエはさ。俺も商売やっててあまり顔出せなくなってたときでも、おばさんの顔見にレラ・チセには飲みに行ってたもんな。

F氏は、文化の伝承を自分の家の「血統」に基づいて受けたいと考えている。男は男の系統で、女は女の系統で文化の伝承を受けるという「エカシキリ」、「メノコキリ」という伝統に則ろうとしている。

だから、おじさんにいろいろ聞きに行ったりしてるでしょ。うちの場合、ちゃんと伝承を受けてるんだよな、おじさん、おばさん。それがちゃんとあるっていうのが、先祖に対してすごいありがたいことだなって思うんだよ。今の状況だと、ない人のほうが多いわけでしょ、ほとんどがそうだよ。それで、いざやろうっていうときにそういうのがないから、とりあえずできる人のところに行ってさ、教わったりしてるでしょ。俺の場合はそれがちゃんと残ってるから、それを受け継ごうって思ってるんだよ。お袋にも聞くとすごい詳しいんだよな。

ただし、F氏には、祖母からも伝承を受けたかったという思いや、母親からも学ぼうとする姿勢がみられる。したがって、「伝統的な」伝承方法は、現代の状況のなかでズレを生じさせながら反復されようとしていると考えられる。

また、文化は、生活の中の具体的な関係性において伝えられるため、反復はズレを生じる。

何でもそうだけど、昔やってたのと全く同じようにやらなきゃならないとは思わないな。だって、実際、伝承者の話が一人一人違うし、同じ人でも違ったりするんだから、やっぱりズレたりっていうのは、すると思うよ。やっぱり多少変えたりとかしてるはずだよ。だって、阿寒湖のまりも祭りだって、みんなでやるけど、それでもやっぱり伝承者によって違うんだし、受け取りかたで自分も変えてみたりさ、いろいろなんだよな。山本多助の伝承を受けてるっていうけど、それもどんどん変わってるんだから。山本多助もけっこう作る人だから、かなり作ってたと思うよ。シントコサンケっていう儀式はさ、教え方が毎年違うんだって言ってたよ。毎年言うことが違うから、その時の言うことでやるしかないんだよ。同じ人でも言うことが、違う。で、その人の言うとおりにやってたら、別の人が来て、それ違うって言うし、まいったなって思って。そう言われたら、またその通りやるしかないでしょ。違いますよ、とも言えないし、だからそういうところも臨機応変にやらなきゃだめなんだよ。でも、毎回同じことをきちっと教えてくれる人もいるけど、俺のおじさんみたいに細かいところはそんなに気にしないで、その場の状況に応じて、だいたいでやっていくっていうのがアイヌらしいんじゃないの。だって、昔の人は、今はこういう生活してるけど、それこそ自然の中で生活してて、臨機応変に対応しないとよ、決まったことをきっちりとなんてできるわけないでしょ。風が吹いたり、雨が降ったり、雪が降ったり、その都度変えるものもいっぱい出てくるはずだよ。だから、ある時勉強して、儀式とかやるようになったっていう人のほうが、昔から普通に続けてたって人よりも、決まったことをやってる感じがするな。おじさんみたいに続けてた人は、イナウでもサササーッと作るんだよな。で、綺麗に作れなんて言わないから。勉強した人はきっちり作んなきゃだめだって、ほらこうしなきゃ駄目だとかさ、もろに言うんだよな、それは違うとかさ。そういうもんじゃないと思うよ。それにこまめには教えてくれないよ。イナウケを教わりに行った時も、とりあえず削ってろ、みたいなさ。そうやって、おれはおじさんに教わったわけよ。ただひたすら削ってろ、みたいなさ。細かいところは臨機応変にやればいいって思ってるから、手取り足取りみたいに教えたりしないんだろうな。

ここでは伝統は常にズレを生じながら反復されていくということへの感覚が存在し、F氏は「本当の」伝統、文化の「本質」といったものを求めようとしていない。それで、たとえば「東京・イチャルパ」（先祖供養）では、全体の流れは祭主のやり方でやりながら、個々人の供養の仕方は、それぞれが伝承を受けたやり方に任せるという方式を採った。

まあ流れは祭主のやり方でやると、で、先祖供養の時には、ほら一人一人供養するじゃん、それは、その時俺、いちいちみんなに言ったよ、自分の地方のやり方でいいからって。

このようなやり方は、北海道の各地域から来た人々が集って一つの儀式をやるという東京に固有の状況において、新たな文化の創造を促すと考えられる。

また、関東のグループが協力してイベントで踊るときも、みんなで「調整」しながら合わせたという。

レラの会の踊りもそうだけど、一応みんな調整して、これでいいかっていう形でやってるよ。関東のアイヌでやったときも、「私はこう習った」とか、「帯広ではこうだ」とかさ、そういう話もでたけど、今回はこういう形でいこうって。一応、そういうのはみんな納得するよ。

二つの地方の踊りが混ざり合って新しい踊りが形成されることもある。

レラの会の踊りでは違う地方の踊りが混ざり合ったりもしてるよ。ポロ・リムセ。あれは、帯広と阿寒地方の混じった踊りだから。誰があいう形にしたかっていったら、たぶん佐藤タツエだと思うんだけど、おじさんに聞いても、そんな踊りはないって言ってたし。あれは東京の踊りみたいになってるね。佐藤タツエは帯広の出身で、帯広の踊りも知ってるし、阿寒の踊りも知ってるでしょ、それでほとんどの人が釧路の人でしょ、それで、両方があわさったんだと思うよ。

このような文化伝承活動とは別に、アイヌ民族の権利に関する政治的な活動への関心も、レラ・チセに関わるなかで芽生えていったと語る。

ここにいると、聞かれて答えられないと恥ずかしいから、いろいろと見たりもするしな。本見たり、人に聞いたりもするようになったし、人の話もじっくり聞くようになったし。それでね、そりゃあ一般の人にも知らせたりするのは必要だけどさ、それだけやってても埒があかないんだよ。日本の政府の動きはさ。アイヌ民族って要するに認めてないわけでしょ。それを認めないかぎりは、政府だって表立ってやんないよな。隠そう、隠そうとしてるわけだから、アイヌを。昔に起こったことの歴史の事実をさ、政府がちゃんときっちりやんなきゃだめだなって思ったよ。東京都に陳情とかしても、何十年もやってるっていうけど、本当に進まないしな。東京都は東京都で、国がこうだからって言ってさ、民族って認めてないし、東京都の資料を見ても、「アイヌの人々」ってなってるしさ。生活館作れって言ったって、今の状況だったら、絶対にできないよ。

最後に、F氏は、アイヌ民族のことを研究しているという研究者や学生に対して、「人とも付き合ってほしい」と語る。

学生とかにはよく言うんだけど、これで終わりにしないでくれっていうのは言うよ。ただ卒論のためにっていうのじゃ……。だから、大学にいる間だけじゃなくてさ、ずっとやっててほしいなって思うんだよ。論文とかだけじゃなくて、やっぱり人とも付き合ってほしいよな。まあ、どっぷり浸かれとは言わないけどさ。知ったかぶりしてずけずけ入って来られるのは、やっぱり嫌だからな。

七　響きあう身体の音色

G氏は、一九五七年、浦河町野深生まれの男性で、B氏の弟。アイヌ民族の伝統的な弦楽器トンコリの奏者であり、東京アイヌ協会会員である。

B氏と同様、G氏も幼少の頃、いわゆるアイヌ文化に触れる機会はなく、子どもたちにアイヌ文化を伝えないという大人たちの意思が感じられていた。

俺らの時代には、たぶん兄貴もそうだったと思うんだけど、そういうアイヌのことっていうのはそんなに……、文化っていうのを意識したことないっていうか。ただまあ、お袋たちもそうなんだけど、アイヌ文化を否定された世代だからね、俺のおばあさんにあたる人がお袋にもアイヌの一般的なことを教えなかった、やっぱり差別の対象になるからね。だから、俺たちはアイヌの儀式っていうのも知らなかったし。だけど、今になって考えてみると、六〇以上のおばあちゃんたちが集まったときは､何かやってた、まあイチャルパっていうか。それは子どもを寄せ付けなかった、見るなぁって感じで。覚えさせたくないっていうか、覚えても役に立たないっていう考えになってたみたいでね。それくらいやっぱり抑圧されてるから。そういうことを知らないほうが子どもや孫たちのためなんじゃないかって考えてるように、俺には見えてたね。

明確に対象化された「アイヌ文化」を意識することはなかったが、日常生活の中で自然に身についた感情と結びついたアイヌ的な「風習」は確かに存在していた。

そういう状況だったんで、そのなかであったといえば、イケマ(12)、魔除けになるんだけど、それを首から下げてたりとか。あと、カレーライスとかお萩とかを親戚とか近所におすそ分けする時に、夜持っていく場合は、悪いものが入るからっていうんで、炭を乗っけて運んだりとか、そういう風習というか、そういうのはあったたね。それは多分アイヌ文化だったたと、俺は思ってるんだけど……。みんながそうしてるから、そうしなきゃいけないっていうか、怖いんだよね。田舎だから、ほら、街と違って夜でも明るいわけじゃないからね、本当に真っ暗になるんだよね、だから尚更、子どもの時に夜一人で歩くのは怖いし、だからこそ火も大事でね、俺らが子どもの頃は懐中電灯なんて高価すぎて持ってなかったから、空き缶に穴あけてそこにローソクを立てて持ってってたんだよね。だから、イケマを忘れたりしたら、あっ忘れたって言って慌てて取りに帰ったりね。

日常生活のなかの「精神的なもの」は伝わっていた。それは、「アイヌじゃなくても人として当たり前のこと」である。つまり、「精神的なもの」は、人々の生活の中に深く刻み込まれたものではあったが、「アイヌ文化」と異文化との境界を明確にするためのものではなかったのである。

直接的には教えてもらってないんだけど、日常生活に深く入り込んでる精神的なものっていうのは、たとえば水を汚すなとか、汚れた水は土の上に捨てろとか、そうすればまたきれいな水に戻るとか、そういうのはたしかに伝わってるんだよね。それに火は本当に大切だからね、北海道はすごく寒いわけだから火は一番大切なんだよね、だからストーブついてないのは本当に夏の一週間くらいでしょ、あとはずっと常に火を絶やさないからね。だから北海道で生きていくためには本当に大切なものだからね。水と同様、アペフチカムイ〔火のカムイ〕は本当に大切だっていう思いはあるよね。北海道の人はほとんどそうじゃないかな。パッと見てすぐアイヌだってわかるようなことは知らされてないけど、精神的なものとか、人を思いやれとか、そういうのはアイヌじゃなくても人として当たり前のことだから、そういうのは伝わってる。

G氏は、小学校に行くようになってから、体毛・顔つきといった身体的特徴からアイヌ／和人の違いを意識するようになる。また、経済的格差もアイヌ／和人の間ではっきり分かれていた。

普段は別に一緒に遊んでるしね。まあ俺らの集落はアイヌが多かったんだけど、学校行けば、和人のほうが圧倒的に多いから、そのなかで、やっぱり学校に行くようになってからだよね、その身体検査とか、裸になるじゃん、そうすると俺らは見るからにこうやって毛深いし、顔つきだって違うしね、そういうときに初めて、「あっ俺らって違うんだな」みたいなね。小学校低学年のときはそうも感じなかったんだけど、大きくなってくるとやっぱりね。あとは、俺らの時代は野深もそうだけど、貧富の差が激しかったからね、牧場主は金持ち、そこに携わる人たちは中流階級、あとはそこで使われる人たち、アイヌもそうだけどね。その格差っていうのは、結構和人とアイヌっていう感じでパッと分けられるんだよね。中には頑張って中流くらいまでは行けたアイヌの人もいたけど、たいていは貧しかったからね。だから、アイヌといえば貧しいっていうふうになってるよね。でもまあ、小学校くらいだと、アイヌだからそうなってるっていうのも、よくわからないからね。歴史的な背景も知らないしね。なんでアイヌばっかり貧乏なんだろうなんてことは、全然疑問にも思ってないし。外に出て初めて、歴史とか見たときに、そういう背景があったのかって初めて気づくわけでね。

しかし、自己がアイヌであることを知ってからも、G氏は、「引け目」を感じることはなかった。それには、「頑張りさえすれば、和人もアイヌも関係ないんだ」という教育の影響が強かったようである。

まあ俺らの頃は、アイヌと和人のあいだに格差をつけないでやってくれる先生が揃ったんで、伸び伸びと、ね。だから、その時も、アイヌだからどうのこうのって引け目を感じないで育ってるしね。その時の校長先生は、頑張りさえすれば、和人もアイヌも関係ないんだ、どちらも同じ人間なんだって言ってて、なかにはそれを言われたことでかえって傷つく人もいたけど、シャモだからそんなこと言えるんだろうみたいな、逆にひねくれる奴もいたし、反対に俺みたいに励みになって頑張った人間もいてね、負けるもんかって感じになった人間もいて両極端だよね。結局、当時は俺らだってアイヌのことわかってなかったし、誇りをもつって言ったって、アイヌのことを知らないんだから、やっぱり頑張るしかないんだよね。先生もアイヌ民族のことを教えられてないし、知らなかったと思うね。だから、北海道の自分たちの歴史のなかで、アイヌって聞いた覚えもないしね。国にそうさせてこられたわけだから仕方ないかなって、知らなくて当たり前だしね。歴史っていつもそうでしょ。今はいろいろアイヌの歴史が書かれるようになってきたけど、それだって学者の歴史だから。

その頃のG氏が、アイヌ民族に対する何らかの明確なイメージをもつこともなかった。アイヌであるがゆえの差別にも気づかなかったという。

後から言うだけでね、その時は特に思ってなかったね。アイヌだからってことで引け目を感じることもなかったし、まあ、そういうこと感じる歳でもなかったから。唯一差別的だったのが、それも後からわかったことだけど、街に出たときに「あいつら万引きでもするんじゃないか」っていう目で見られてたっていうのがあって、商店とかに入ったときに、見た目ですぐアイヌってわかるし、服もボロボロのを着てるからね、袖も鼻水を拭くせいでテカテカになってるし。でも、それも今から思えばってことで、当時はわからなかったんだけどね、単に汚いのを着てるから貧乏人ってことで嫌がられてるのかなって。それがアイヌに対する差別的な視線だとはわからなかった。

G氏は、中学生の時に東京へ来る。そこで、自分がアイヌであることを素直に認めることができないという、漠然としたネガティヴな意識があることに気づかされた。

出会いというか、似たような顔の奴が二人ほどいるわけね、でも聞くのもなんだしなぁって思ってたら向こうから声かけてきたんだよね、「どこから来たの！」って。「北海道」、「あ、そう。俺、沖縄！」って。あっけらかんとしてるわけさ、それも、見るからに俺らと一緒なんだよね、それでも半袖で平気なんだよね、全然毛深いのを隠そうともしない、俺らは恥ずかしいっていって長袖長ズボンだったもんね。それなのに、あいつらは半袖半ズボンで威張ってるわけさ。「暑いのに、なんでそんな格好してんの」ってなことを言ってくるわけさ。自分を自慢してるし。そういうのを、俺なんかは羨ましいなぁって思ったしね。だから、東京に来て初めて気づいたよ、自分らが自分らのことを知らない、誇れないっていうね。それもおかしいなぁって思って、やっぱりあいつらみたいに堂々としていられたらいいなぁって。最初のうちは、向こうは沖縄で、「G君はアイヌか」って聞かれて「うん」て言えなかったよね、「たぶんね」とか言って。

東京へ来てまもなく、J氏による活動の呼びかけが朝日新聞でなされる。母親と長男がそこに積極的に関わり、G氏もそのなかで話を聞いたり、本を読んだりするようになる。それによって徐々に、自分たちのことがわかってきた。その時、まず感じたのが「怒り」。それは、本を通じて知ったアイヌ民族の「歴史」と、北海道での自らの具体的な生活経験とが交差するところに生じたものであった。

お袋はＪさんとは田舎の野深小学校での同級生だからね、それで東京に来てるっていうんで声かけてきたでしょ。で、いい息子がいるじゃんってことでね。それで、土日になるとガキどももみんなで「アイヌ民族のための施設を」っていう署名・カンパ活動に行ったりね。だから、その当時くらいからだろうね、アイヌを意識しはじめてるっていうのは。それで本を読むようになったりね。まあ、最初は怒りっていうか、やっぱり自分たちの土地を取られたっていう状況を知ったときに、なるほどなぁって考えたときに、アイヌはいまだにみんな貧乏してるってことを考えたときに、だから自分らが東京に出る羽目になったのも結局はそれだからね、東京に出てくるアイヌのほとんどが経済的な理由だったり、差別から逃れるためだったりってことだからね、そういうことを考えたときに怒りがね。

この頃の母親世代の人たちは「仲間を作りたかった」のだろうと推測される。

それぞれが孤独っていうか、仲間を作りたかったんじゃないかなって思うよね、そのきっかけをＪさんが作ったということで。結局Ｊさんの考えとしては、東京に出ていて、田舎にも帰れないで亡くなったウタリがたくさんいるってことで、それを仲間たちで弔おうじゃないかっていう思いが強かったからね。そのときは本当にみんな希望があったからね、生活館的なものを作って、山谷でも寿でもそういうところで亡くなるウタリっていうのはいっぱいいるからね、結局無縁仏で葬られるっていうのはアイヌにとっては許されないことだからね、仲間がカムイの世界に送るっていうことをしなきゃいけないっていう考えがあるからね。そういう思いっていうのは、結構みんな持ってたよね。俺らはそのお袋世代の思いっていうのがわかるからね、火は絶やさないようにしたいなって、これからも。だから、その続きっていうか、レラ・チセができたのはそういう思いからだからね。そういうみんなの思いがあの店にはあるから。

その頃はわからなかった母親世代の思いが、数十年後にわかるようになる。

後からアイヌのことに携わるようになったのも、おばちゃんたちが頑張っててくれたっていう驚きからだよね、それに感化されたところもあるしね。最初の頃からすると、もう三五年かそこら経ってるからね、まだやっててくれたのかって。お袋も含めて、あの年代の思いっていうのが後になっててわかったかな、みたいいな。中学、高校の頃はそれどころでもないし、やってるなぁとは思ってたけどね、その頃はアイヌとかいう意識もないしね。

J氏との活動の時期は、G氏の中学・高校時代にあたり、その頃は他にやりたいことがいろいろとあったため、アイヌ民族の活動には「暇があれば顔を出してた」程度であった。そして、そのような活動のなかで、アイヌであることを肯定的に捉えられるようになったわけでもない。

まだその時はね、中学から高校の時代で、やっぱり色気っていうかね、自分の好きなことにね、ちょうどディスコが流行りかけた頃だしね、そっちのほうが興味があって、あくまで兄貴たちがやってる活動に応援って感じでちょこっと顔を出したりするくらいでね。そんなに深くも考えてなかったしね。まあ、同じ北海道の仲間っていうような感じで顔を出してて、「活動」っていうような大それたことを考えてたわけじゃなくて、資金集めのためのちり紙交換を応援してたっていう感じで、それで実際に動いてたのは兄貴たちだったり、Jさんだったり、ね。まして昔はしょっちゅう都庁に陳情に行ったりしてたからね、それでうちの兄貴とかは定職にもつけないんだよね、活動のあいだは。そういう面でかなり苦労はしてたね。

G氏にとって、J氏との活動がアイヌとしての自己の存在を確認する場になっていたことは確かであるが、平板な「アイヌ」というアイデンティティに基づいてそれらの活動に参加していたわけではなく、母親を介した生身の人間同士の関係によるものの影響が大きかったと考えられる。だからこそ、後述するように、母親の人間関係の変化に伴なって活動に参加しなくなったり、さらにまた再開するということが起きるのである。

G氏は、年に数回の東京ウタリ会の「親睦会」に参加していた。そこは、「アイヌ」としての自己の存在を意識するにとどまらない関係性の場であったと考えられる。だが、本格的な「活動」に参加することはできなかった。

俺はただついて行ったというかな、そういう集まりがあるからっていうんで、それで何回か回を重ねるごとに顔馴染みになってくるじゃん、それで親睦会的な、そういうニュアンスだったね。新年会、花見、忘年会って、年に二、三回で、まあその間に何かイベントがあるっていったら会うかなぁみたいな感じの人ばっかりだからね。そういう中で、ばあちゃん連中だったら、「ああ、元気だった」って。俺的にはそんなに深い考えもないしね。昔は、その会で俺たちがギターを弾いてたりとか、結局、そういうのに行くのも楽しみだったんだよね、年に何回かしかないから。それもだんだんなくなってきて、残念なことに、会とかも分裂してきて、集まるだけで意義があったんじゃないかなぁって。俺らとしては、何も知らないわけだから、学ぶっていうことになるんだけど、まあ学ぶとまでは言えないかもしれないけど、でも、中学、高校くらいのときにアイヌ語教室っていうのも自分らではじめたのよ、俺は一回か二回しか行ってないんだけど、そういうのもはじまったり。おばちゃんたちが中心だったんだけど、俺ら若い人にもどんどん出てきて学んで欲しいっていう期待があったんだけど。でも、俺らは他に興味があったから……、残念ながらっていうか。やっぱり、活動をやるっていうことは大変なことだからね、おばちゃんたちも本当に大変な思いしてやってたし、それで若い人たちにもやってほしいって思ってたんだろうけど、でも若い人にとってもすごく大変なことだから、強くすすめることはできないんだよね、余裕がなきゃできないことだし、まあ、できたらってぐらいの感じだね。

G氏が二〇歳くらいの時、家族全体が「精神的に疲労してしまった」ため、アイヌ民族の活動に一切かかわらなくなる。再びG氏が活動にかかわるようになるのは、三六歳頃であった。

活動に疲れたっていうことで一番大きかったのは人間関係だろうね、その次が経済的な問題だろうね、運動してるあいだに借金もかなり作ってるから、それを清算するのもかなり年月かかってるし。それで、また関われるようになるための心の余裕を育む時期でもあったかなぁって思うよね。まあ、本は読んだりとかしてたけどね、何ていうか、その期間は充電期間ていうかね。

G氏は、C氏が会長であった「萱野さんを支える首都圏の会」への参加をきっかけにして、活動を再開する。

その萱野さんの会で、カムイノミだとか、イナウケもやってるわけで、俺もやってみたいなぁって思うようになって、それで、踊りとかもやってるわけで、おれはそっちのほうに興味を持った、踊りもそうだけどウポポだよね、たくさんあることに気づいたっていうのがおもしろかった、俺としてはね。それから、たまたまレラ・チセの板前がいなくなったってことで、料理経験者がいないかってことでレラ・チセに呼ばれたんだよね、まあその前からお袋が手伝いで行ってたからね。それから、本格的にね、あそこにいれば情報も入ってくるじゃん、アイヌも来るし、北海道からもね。

活動を再開した当初の感覚において、G氏は、「アイヌ」として何がやりたいという明確な意識をもっていたわけではない。だが、それゆえに、多様な方向性をもった融通無碍な活動が可能になったといえるだろう。それは、「口では表わせない」身体的な感覚に基づくものであった。

別にアイヌのことなんかやらなくたって生きていけるんだしって。そういう感覚にも一時陥ったけど、でも自分はやっぱりアイヌなんだし、そこで結局ずっとついてまわるもんだっていう感覚もあるし、だからといって結局アイヌっていうことで何がしたいのって聞かれても困るところがあるしでね。でも今まで、ずっと認められてこなかった分、普通にみんなに知ってもらいたいっていう思い、今までの先祖の置かれた状況を知ってもらったうえでの対等な関係で同じ人間としての付き合いができるんじゃないのって。どうしてそういうことやるのって聞かれても困るところがあるんだけど、踊りとかを見たときの、口では表せない、「血が騒ぐ」じゃないけど、何か、口では表せない思いっていうか、アレは何ていうんだろうね。

G氏は、アイヌの人たちが集まること自体に意義があると考える。つまり、それによって、自分たちが「アイヌの精神」を知り、さらにそれを多くの人たちに広めていくことで、アイヌ民族の権利回復といった首尾一貫した論理に基づく運動とは異なる次元の活動が可能になるというのである。ここでいう「アイヌの精神」とは、決して「アイヌ民族」という同質的な「民族」の本質的部分として想定されたものではない。後述するように、それは個人の「思い」といったものと結びつき、それぞれの人々のあいだでズレながら響きあっていくものだからである。

運動とか人権活動っていうんじゃなくて、アイヌの仲間意識っていうのを高めたいっていうかね、団結ってわけじゃなくて、そういうのが集まって一つの力になるんじゃないかなって思いもあるからね。たしかに権利回復っていう活動も重要なんだけど、でもそれをやるためには自分たちのことを相手に知ってもらわなきゃだめで、それでその大きな波で自然にアイヌというものを認めてもらう、自分たちの権利っていうのをね。自分たちの文化の素晴らしさを広めて、そのうえで、こうだったんだよって、それで賛同してくれる人がいっぱいでてくれれば、それは俺の望みでもあるしね、そういううねりっていうか、そのためには、俺らの思いもそうだけど、アイヌ文化の素晴らしさ、アイヌ民族っていうのも居たんだよっていうことを広めることが第一じゃないのかな。理解してもらうっていうんじゃなくて、理解を探る、なんて言うかな、自然に浸透して馴染んでもらうっていうかな。自分たちがアイヌの精神っていうものを知って、それを実践して、それをみんなに広めた上での理解っていうのかな。そういうアイヌというものをもっと広めたうえでの運動っていうのもあるんじゃないかな。そうやって、「やんわり」やる運動っていうのもあるんじゃないかなって。自分たちの役目っていうのはそっちからやることかなって思う。それらは別々っていうわけじゃなくて同時に取り組むなかでやっていけることをね。その中で、自然に、アイヌ民族ってどういう歴史を辿ってきたんだろうって興味をもってくれるのが一番いいわけだしね。こうだったんだよって訴えるわけじゃなくてね。

レラの会の踊りの練習に参加するようになる。最初は男の踊り手が少なかったためにはじめたが、そのうち自分の「思い」を込めて踊るようになった。

当初は単に踊りの練習相手として覚えたっていうか、でもほら、そのうち自分なりの思いがだんだん出るようになるから、踊りに対してね。それで、単に教えてもらうだけじゃなくて、阿寒湖のまりも祭りに行ったりして踊りを見たり、山本多助エカシの映像を見せてもらったりするようになって、そうしたら全然違った、踊りに思いが入ってた。その時にただ見せるだけの踊りをしてなくて、自分なりの思いでやらなくちゃだめだって。人前でやる以上、見てる人に感動してもらいたいし、踊りに込めた自分の思いが通じてほしい、踊りを通じて思いが伝えられたらって思うしね。やっぱり映像で見たエカシなんかはカムイに対する感謝を表してるんだよね。思いを必死になって伝えてる。実際に阿寒湖で見たときにもそういうの感じたし、その人なりの表現方法があるんだけど、そこには個人個人の思いっていうものがあるからね。それは俺なりの考えかもしれないけど、思いで自分自身も充実するというか、この先の生活の中で。日常生活の中の感謝のすべてをカムイに捧げるということ。中にはみんなを代表しての踊りっていう気持ちのある人もいるかもしれないけど、俺の場合は自分の日常生活での感謝を表したいっていうほうだから。

カムイノミというカムイに対する感謝の儀式においても、伝えられるのは「普段の日常生活で自然に感じる感謝がずっと大きくなっただけ」のものであり、「あくまで自分の思い」なのであるという。そのような語りえない「思い」は、見る者のまなざしの届かない場所に位置する。

その後、レラ・チセで、アイヌ民族の伝統的弦楽器トンコリの奏者であるオキ氏に会い、G氏もトンコリを演奏するようになる。トンコリは、身体に振動を感じながら、即興的に自由に演奏する楽器であった。G氏にとってのアイヌ文化が自らの身体をもって生きられたものであったように、トンコリはまさに、振動や倍音に共鳴する身体をもって奏でられるものであった。

その音を聞いたときに「なんだこれ！」って感じで感動して、すごいんだわ、その音が。その時に実際に触らせてもらったりして、ああ、いいなぁって。そのうち兄貴に作ってもらって、それで存分に弾けるようになったんだよね。もともとギターをやってたから、弾く自体は簡単なんだけど、でも全然違うんだよなぁ、トンコリの音の世界っていうのは。胴長の楽器で、建付けの悪い楽器だから軋み音が出たりとか、そういうのいっぱい出してるんだけど、でもトンコリの場合は不思議とそれが心地いいんだよね。肩にのっけて弾いたりするんだけど、音を聞くと同時に体に振動を感じる、なおかつ胴長の楽器の内側から倍音が出てくる、俺的にはすごいもんだなって感じさせる楽器だったんだよね。音楽っていってもトンコリの場合は耳で聞くだけじゃなくて、振動っていうか、リズムっていうか、メロディーだけじゃないんだよね。それで、決まった奏法というものがない、個人個人で自由に、歌でいうとヤイサマ〈即興歌〉、即興的なものが多かったらしいからね。だから、今では伝統曲的なものがいくつか残ってるんだけど、それはたまたまそのとき録音したおばあちゃんが弾いてた奏法っていうだけらしいんだよね。たしかに、トンコリっていうのは昔の鹿の腱の弦を使ったりしてるときは、その乾燥具合で伸びたり縮まったりするから、演奏中にも変わるぐらいだからね、だから多分決まったチューニングもないんじゃないかなって、個人の好きな音、その演奏者が好きな音でやってるんじゃないかなって。

G氏がオキ氏から学んだことは、譜面に囚われず、即興的に「自分なりの思い」を込めて演奏することであった。譜面の中に固定化し得ない自分の「思い」を込めて即興的に演奏していくことが、「伝統の継承」になると語る。

オキは、弾いているのを、そのままコピーする必要はない、元々のメロディーを基本にして、自分なりの思いを込めて弾けばいいよって言うんだよね、それで譜面を一切よこさないんだよね。今はオキも譜面に残したりしてるんだけど、やっぱり基本は、そのばあちゃんたちが弾いてたのを基本に、今の奏法だってあっていいんだからね、だから、もともとは即興歌というか、即興の演奏だったってことを考えると、それをベースにした自分たちの即興の演奏があるんであって、それもそういうばあちゃんたちが残してくれた音源があるから自分たちも即興的にやれるんであって、それが伝統の継承っていうことだと思うんだよね。昔の音源が見つかって、伝統曲っていってみんながやってるのは、多分、「そのばあちゃんの曲」なんであって、だから、民族音楽の先生なんかはそういうのを譜面にして残していると思うけど、それをただ再現するだけじゃ意味がないんじゃないかなって、俺は思うんだよね。トンコリっていうのは、「こうでなきゃいけない」っていうのが全然ない楽器だからね。弦の張り方もまちまちで、その人によって太さも変わってたりとか。トンコリの場合は合奏するときは、リズムも変えたりね、そうやってみんなの音が合わさるとすごくいいんだよね。あくまで演奏は個人個人のもので、曲名は同じでもリズムが違ったり。これからトンコリをやろうっていう人が出てきてほしいって期待するんだけど、そういう人には音楽教室みたいな、おんなじ楽譜を弾くんじゃなくて、それぞれのやり方で自分の思いを乗せた演奏をしてほしいかな。俺も、最初は基本的はトンコリの持ち方とか弾き方を教えるんだけど、あくまで慣れるまでだよね、その他は教えないもんね、あとは自分らの好きなように弾きなって。あとは自分なりに発展させて、工夫して、好きなようにやっていきなよって。

そして、トンコリは、能動的に演奏を構成する主体というものを解体する楽器であるといえるだろう。G氏はトンコリの魅力を次のように語る。

演奏中は、トンコリと振動でつながっているし、音源を通じて自分の音を聞かせてくれたばあちゃんたちともつながっている気がする、そうでなきゃ意味がない気がするしね、ばあちゃんがもってたその曲の情景のイメージを自分も思い浮かべてとかね、そうすると、勝手に指が動いているような気になるときもあるしね、あれがトンコリの面白いところっていうか、不思議なところだよね、勝手にリズムが出てくる。オキの曲をやってるんだけど、途中でエムシリムセ〔剣の舞〕のフレーズが出てきたりとか、勝手に出てくるの。なんて言うかな、弾かされてるっていうのが心地いいんだよね、それがトンコリの魅力かなって気がするよね。それに、知ってる人たちが見てくれてるときは、見てくれてる人たちの思いもあるかもしれない、みんなが一緒になって口ずさむわけでしょ、そういうのでも変わってくるもんね。踊りとも通じるところがあるよね。知ってる人たちの前でやるときは、みんなと一緒に盛り上がっていくというか。みんなが入り込んできてくれるときが、トンコリの心地よさを感じるときなんだよね。

G氏は、振動によってトンコリとつながり、音源を残してくれた年寄りが思い浮かべた曲の情景に思いを馳せることで彼女たちとつながる。また、「自分なりの思い」を込めた演奏はそれを聴く人たちの「思い」を触発し、相互に響きあうなかで、彼らが「入り込んできてくれる」。このような状態において、G氏の指は「勝手に」動き、トンコリに演奏させられる。G氏の主体的意思が演奏を構成する余地はない。G氏は、G氏に把握不能な影響を及ぼすこれらの生きた他者と共に在る。

ただし、トンコリの演奏において、演奏するG氏の「思い」と音源を残してくれた先人や演奏を聴く人たちの「思い」とが一致するわけではない。それらは共有されるのではなく、響きあい、お互いに触発し、ズレながら伝わっていくのである。

ただ、アイヌの思いを代表するっていうのはもってのほかなんだけどね、アイヌが一〇人いれば一〇人のそれぞれの思いっていうのがあるからね。俺もそのときどきで表現の仕方が違うし、それを生で体験してほしいとも思うし、もちろんおんなじことやりたくないしね。でも、それなりには伝わってくれてるんじゃないかなって、聞いてくれる人のどこかに印象づけられればなって。

「思い」はその時々でその表現を変化させる。表現は、個々人の「思い」が結びつきあう共感のあり方によっても変化する。だからこそ、G氏は、様々な思いの表現としての演奏を「生」で体験してほしいという。

このような響きあう身体の主体性は、歩く者の主体性であり、全般的なアイヌ民族の活動において見出され得る。G氏がレラ・チセで働くようになったのも、佐藤タツエ氏をはじめとする人々の「思い」に触れたからであった。

だから、自分がやってる、自分が、っていう感覚が消えるっていうのは、レラ・チセに入ったこと自体もそうだしね。俺が意図してレラ・チセに携わったわけじゃないし、タツエさんたちの思いっていうのが大きかったわけだから。それで、入ったことで多くのものに出会えたっていうのがあって、踊りもそうだし、トンコリだってそうだしね、オキと出会えたっていうのもあって。言い表せない何かが働いてるんじゃないかなって、不思議に思うときもあるし、昔の俺を考えると、なんで音楽なんてやってんだろうっていうのもあるしね。

現在、G氏はアイヌであることに誇りを感じる。そして、それは「人としての誇り」につながる。

中学の頃とはかなり違ってきてるよね。アイヌであって良かったなぁっていう思い、そういうことは、精神的なものが少しわかったときにはじめてそう感じたんだよね。それは、よくよく考えたらアイヌだけのものじゃないっていうか、もともと人として当たり前のことだったたっていうのはこの頃感じてきたことだし、それはアイヌのことを勉強したおかげでわかってきたってことなんだけど、アイヌとしての精神っていうより、人としての誇りっていうか、自信みたいなものはついてきたかな、アイヌのことをやりだしたがために自信が持てたっていうかね。アイヌは人っていう意味だからね。トンコリとかやるようになって、アイヌだって胸張って言えるようになった、北海道にいたらそう言えなかったと思うけど。

ここでいう「精神的なもの」は、前述の「自分なりの思い」と結びついて、「アイヌ」という固定された枠組みにおさまりきることなく、広がっていくものである。そして、その「精神的なもの」は、一つの知として全体化されるものではない。それは常に探られつづけていくものなのである。

やっぱり精神的なものがあってこそのことだから、いくらアイヌの血が濃くったって、そういうのがなければアイヌじゃないから、そういうのを備えてれば逆にアイヌだと言われる。それは決して血じゃなくて、心の中にあるものだから。そういうものは、みんな見抜くからね、そういう精神を持っている人には一緒にやっていってほしいからね。そういう精神を一緒に育みたいっていうかね。そういう精神が広がっていってくれればっていう思いがあるし、俺はたまたまトンコリっていう楽器を使ってやってるけど、それに興味をもってもらって、そういう精神をもったウタリの輪が広がっていってくれればと思うよね。レラ・チセの意義もそれだからね。アイヌもそうだけど、和人の人も含めてそういう輪が広がっていくようにって思いがあるからね。その精神的なものっていうのはイヤイライケレ〔ありがとう〕っていう感謝の気持ちであったり、いろんなものであって、自分もまだわかってないところもあるし、たくさんあるはずだから一緒に探っていきたいと思うよね。それにそれは、アイヌにかぎらずみんなの目指すところでもあると思うし。

八　アイヌ／日本人という生き方

H氏は、一九七二年、釧路生まれの女性で、レラの会会員。現在、レラ・チセのスタッフとして働いている。

H氏は、小学校五年生の時に東京へ移るが、北海道にいたときには、アイヌであることを知らず、アイヌというものに対してでも何のイメージももたなかったと語る。

なんか目にしてたのかもしれないけど、何の意識もなく。向こうでは、知らなかったけど、会ったりはしてた。その人がアイヌだってのは今になって知ったんだけどね。アイヌの運動家で、うちによく来てた。アイヌっていうことが、頭の中になかったというか……。北海道にいる頃は、アイヌ／和人、関係なく、私は北海道の小学校では威張ってた方だから。

H氏が東京へ来た時は、レラの会の設立とほぼ同時期であった。

私たちが来たばかりのときは、おばあちゃん、まだ関東ウタリ会にいたみたい。あっ、それでね、写真が残ってるのよ、関東ウタリ会のみんなとおばあちゃんが写ってるの、それで、わたしも行ってたみたいで写ってるのよ。レラの会は新宿の大宗寺の集会所で集まりをやってたんだけど、月に一回ぐらいでやってたかなぁ。一〇人くらいだったかな。みんな仲がいい。母と一緒に行き始めたころは、特にアイヌだっていう意識はなく、楽しく踊りをするところっていうような雰囲気だったね。なんで踊りの練習のするのかとか、考えなかったねぇ。ただ普通じゃないことが楽しかったんだよ、お稽古事みたいで。それで、母と一緒に連れて行ってもらって、お出掛けしてっていうのも楽しかった。中学校一年生くらいだったかな、レラの会としても、あれが、舞台でやった最初だったらしいんだけど、人前でやるようになってから、自分はアイヌだって理解できてきたね。

自分がアイヌであるいうことは、母親に連れられていったレラの会の活動のなかで「自然に」受け入れることができた。友達にも言っていた。

自然に入ってたから、特に印象はない。嫌だとも思わなかった。そういうふうに自然に思ってたときに、ある人に、「最近のアイヌはシャモみたいな顔してんだな」って言われたのが、印象に残ってんの。「えっ、わたしってアイヌに見えないの?」って思った。胸張ってっていうか、同年代の子に言ったりするときに、今よりも自然に言えてた。中学校の友達とかにね。向こうは知らないじゃん。今は、「知ってるかな、知らないかな」っていう、何かちょっと頭の中で考えてから言う。言ってこの人どういう顔するかなとか思うじゃん。中学生ぐらいの方が何も考えない。向こうは知らないと思ってるから。

H氏はその頃、アイヌ民族というものについて「何の考えもなかった」が、特別なことをやっているという印象は持っていた。

だって、人に見せるじゃん。特にその頃は何の考えもなかったけど、見せるからには特別なことをやってるんだなとは思った。私、目立つの大好きだったから。自分はそういう民族の文化を教えられて体験できてるけど、他の子たちはそういうことがないわけじゃん、かわいそうだなとは思ったことがある。

周りの大人たちは、踊りの形を教えてくれはしたが、「アイヌ民族（文化）とは」という話をすることはなかった。

アイヌ民族の踊りをやっているということを意識するようになってからも、周りの大人たちが「差別」等の話を一切H氏の耳に入れないようにしていたため、H氏が踊りに何らかのネガティヴな印象をもつということはなかったという。そして、やりたいと思うようにさせるのが上手かったと振り返る。

それがね、やっぱり周りの大人たちが、差別されたとかっていう話を一切私の耳に入れないようにしてたから、全然そういう感じがないんだよね。今になって考えると、若い私たちに悪い印象を与えたくなかったんだろうなって。踊りをやっていくにあたってね。すごい楽しくやってるっていう印象しかないから、そのときは。だから、一緒にいて、教えてもらって楽しかったっていうのがあるけど、そこで、辛い話とか聞かされたりとかしてたら、また変わってたかもしれないね。うまいんだろうね、やりたくなるように、教えるのが。逆の場合を考えてみるとさ、自分が大人で、大人ばっかりだったらさ、子どもにやってもらいたいじゃん。うまく周りの大人たちにのせられてたって感じだった。集会好きだったんだわ。

大宗寺での集まりは、踊りの練習を主要な目的の一つとしながらも、集まること自体に意味が見出されていた。

ただ単にみんなで集まって、楽しくお話して練習しましょうっていうような雰囲気だった。何時に集まってどうしたこうしたじゃなくって、みんなバラバラで来てさ、来れる時間に来て。集まってるところに、ただたまに顔見たいなって感じで遊びに来て、ただお茶飲んで帰ってく人とかもいたし。練習にこなかったとしても、不真面目だとか、熱心じゃないとか言われることは全然なかったし、だって、みんな仕事してて、遠いところから来る人もいればね。やっぱりウタリ同士が集まって楽しくすごすことが重要だったからね。東京に、こっちに出てきて、こっちにいるウタリが集まってって感じだったね。だから、踊りを教えてもらうのも、強制的じゃないし、「はい、ここからはじめましょう」っていうんじゃなくて、自然に教えてもらってたし。私が、高校生くらいまで、大宗寺は続いてたんじゃないかな。

明確な活動目的によって組織された集まりではなく、レラの会に対してそれぞれ多様なスタンスをもつ個々人の集まりであったといえる。
中学生以降も、「月に一回」以上のペースで活動の場に参加していた。「けっこう休まず出てた」。だが、現在ほどアイヌ民族に関する活動が生活の中心になっていたわけではない。

学校に行ってるときは、全然そんなこと考えないし。その頃は、「ときどきアイヌ」って感じだったからね。だから、日本人であるし、アイヌでもあるっていう感じだったんだよね、すごく。普段は日本人で、特別な場合にアイヌになるって感じかな。それで、取材とかで話を聞いてくる記者とかは、なんかね、そういうことを言ってもらいたいのよ。「日本人になってる自分になんか違和感ないですか」みたいなことを聞いてくるのよ。大袈裟に言うと、「なんで日本人と同じ格好をしてるのか」みたいなことを言ってくるの。こっちからすると、「えっ、何言ってんの？」みたいな。今でもそういうこと言う人いるじゃん。でも、そんなにねぇ、その同化されてんだからねぇ……。そういう人たちの気持ちがさぁ…、そんなのって、こっちのことを考えれば言わなくてもわかることでしょ。逆にね、なかには、「何言ってんの、アイヌって日本人でしょ」って言う人もいるのよ。運動とかにかかわってる和人の人じゃないけどでね、そういう人いっぱいいるから。ガックリするよ。

現在ほどアイヌ民族の活動が生活の中心になっていたわけではない中学生の頃の「ときどきアイヌ」というアイデンティティの感覚は、周りから「アイヌ」であることを求められることや、逆に「日本人」であることを求められることに対しての違和感として存在する。つまり、H氏は、型にはまった「アイヌ」／「日本人」といった二分法を課してくる側の見る者のまなざしに捉えられることのないアイデンティティを持ち、アイヌとしての自己意識と、日本人として生きていることとが深刻な葛藤をもたらすことのない柔軟なアイデンティティを生きているのである。

このように「アイヌ」／「日本人」という二者択一を拒むH氏が、高校生の頃から、周囲の大人たちからの「プレッシャー」を感じるようになり、自らも「文化を伝承しているという意識」が出てきたという。

だんだん、だんだん、プレッシャーもすごかったから。その頃は私と妹しか若い人がいなかったから、重かった。見る目がちがうっていうかね。それに、文化を伝承してるっていう意識がでてきて、「これをしてかなきゃ無くなっちゃうんだ」っていう意識があったから。妹はそれでレラの会からしばらく離れたことがあった。疲れたんだろうね。でも私は、そう思ってもやってた。で、若い人がでてきたっていうのは、ちょっとほっとしたのよ。やっぱりわたしとか妹しかいなかったときって、上の大人の人たちは、焦っちゃうじゃん、やっぱり。だから、若い人がいると安心じゃん。

アイヌ文化を伝承することへの過剰な期待とその内面化は、前述の二者択一を構成する「アイヌ」というものに自分を当て嵌めていく過程であると考えられる。しかし、H氏には、このような文化を伝承する「アイヌ」というものにおさまりきらない日常生活が存在していたのであった。

まあ、でも、そんなに大きな問題としては受け止めてなかった。自分の、これから高校を卒業して、それから何してって考えてたから。私が高校を卒業するくらいだったのかな。レラ・チセを作るために活動してたぐらいのときだったと思う。二〇歳くらいじゃん。そのときは、レラ・チセで誰が働くかっていう話になって、私はお店で働く時間なんてないって思ってた。他にやらなきゃいけないことがあるって思ったもん。アイヌのことだから時間をかけられないってわけじゃなくて、他にやりたいことがあるって感じだった。だからといって、かかわっていたくないってわけじゃない。

H氏は、周囲からの期待を感じながら、アイヌ文化を伝承しなければならないという意識をもつ一方で、そこに自分を没入させることのない日常生活を営んでいた。このようなバランス感覚をもって、H氏はアイヌ文化の伝承活動に取り組んできたのであった。

一〇代、二〇代の頃は、レラの会を通してやっていたのは踊りだけであった。

踊りだけ。そのときは、刺繍だとか、自分は全然興味がなかったから。興味がないというか、刺繍とか、そんな大変そうなこと自分にはできないと思った。アイヌ民族のことを学んだりするっていうのは、すごく労力のいることだと思ってた。今もそうだけど、自分の気持ちの余裕もないし。

H氏は、自分がアイヌ民族だと思うことと、踊り以外にアイヌ民族の文化を身につけていないということとのあいだに矛盾を感じるようなことは一切なかったという。H氏は、見る者のまなざしをもつことなく、柔軟に運動にかかわってきたのである。

そのときは別にそこまで必要性にかられなかったし、聞いてくる人もいなかったし。わたしはただ、できることをすればいいだけっていう感じだった。その頃は、そんなに深く考えなかったし、アイヌなのにやらない人もいるじゃん。性格で、あまり目立ったこともやりたくないって人もいるだろうし。やることが目立つんだよね。特別なんだよ。

H氏にとって、自分がアイヌであることの根拠は「血」であった。したがって、「文化」を知らなくても「血」をひいているがゆえに、自らをアイヌだと考えていた。

私たちは、だって、そうじゃん。そういうふうに育ってないんだけど、途中で「血」が入ってるんだっていう感じで、突然。それで、実際の話、けっこう家系図を遡れたんだよね。でも、何代か遡ると、もういるのよ、日本人が。だからね、もういろんなところの人も混ざってんの。だから、自分は一〇〇パーセントアイヌの血だと思ってたある人も、もう何代も前に日本人の血が入ってて混ざってるっていうのを最近知ったらしいよ。今でも、アイヌの人から「だって混ざってるでしょ」とか言われるけど、前はそれがすごく嫌だったのよ。今はだって、アイヌのことを核としてやってるから、今こういうふうに生きている以上ねぇ。でも今はね、逆に、自分だけじゃないんだ、みんなそうなんだって思えるからね。今は「混ざってるんですよね」って言われても、

「先祖っていうのは血の問題でいうと難しいですよ」って言えるからね。それで、そうやって、アイヌ民族に日本人の血を入れたのは日本人なんだよっていうのを含めて言ってるけどね、私は。まあね、でも日本人がそうしてなかったら、わたしは生まれてないんだけどね。あとは気の持ちようだよね。でもわたしは日本人の血より、アイヌ民族のことのほうが大きいんだよね。日本人では一〇〇パーセントないかって言われたらやっぱり考えちゃうけど、その占めてる割合はやっぱりアイヌのほうが大きいわ。

H氏は系図を遡ることによって、逆に、その「血」も和人と「混ざっている」ことから確固としたアイヌの証にはなりえないことを知った。そして、「血」が混ざっているのはH氏に限らず、一般的なことであるとする。したがって、ここでは、アイヌ／和人が明確な境界をもったカテゴリーとして想像されておらず、結局自己はあいまいなまま位置づけられていると考えられる。そして、「あとは気の持ちようだ」とした上で、H氏は、「アイヌ民族のことのほうが大きい」というのである。これは、その都度の生活経験に基づく感覚であろう。なぜなら、中学生の頃は、「日本人のことのほうが大きい」と語っていたからである。

そして、現在では、刺繍をはじめとして、踊り以外のアイヌ文化にも関心をもつようになっているという。

歳とってくると、知ってなきゃ困るっていうところがでてきたからっていうのがあるね、文化のことも歴史のこともね。自分より若い人に教えなきゃいけなくなるでしょ。若い人って別にウタリの人に限らずね。ただ、それも自分でやろうって思ったことであって、強制されたわけじゃない。自分のアイヌとしての気持ち、いや気持ちじゃないや、なんて言うんだろう、それを大きくするために……、大きくというか濃くというか、内容を濃くしたいがため。

H氏は、そのように関心が広がっていった理由として、若い世代に教えなければいけないという思いがあるという。H氏が教えようとしている相手は、具体的にイメージされた人々、すなわち後述するような身内の子供たちや、講師として講演に行った中学校の生徒たち（「アイヌ最高！」と言ってH氏から学ぶことを楽しんでいた）といった人々である。H氏は、日常的な関係性のなかで文化を伝えようとしている。

レラ・チセ設立の運動には、H氏は熱心に参加していた。H氏は、踊りの練習ができて、遠くから来た人が泊まれて、みんなが集まれる集会所を作ってほしかったと語る。

まあ、そういう流れだったしね。それと、お店っていうよりは、集会所っていうか、生活館みたいなものを思い浮かべてたからね、もともとは。みんなが集まれる集会所を作りましょうっていうことだったから。それも、カンパっていうよりは、国にやってもらうということで。踊りの練習ができて、遠くから来たウタリの人が泊まれて。今、妹がいるのが札幌の生活館なんだけど、そういうところができたらいいなって思ってた。

しかし、その頃盛んになっていたアイヌ新法制定の活動に関しては、あまり興味がなかったようである。

デモとかには参加したことがあるけど、みんなが行くから行くって感じかな。そういう難しい話はわたしには振らないでって感じでいたから。

H氏は、活動の場での人間関係に関して、これまでは、相手がアイヌか和人かで態度を変えるような気持ちはなかったが、最近はそれが変わってきたと語る。

向こうがウタリだとするでしょ、そうしたらこっちのこともウタリだと思って話してくれるし。向こうがウタリのおじさんだとするよ、そのおじさんがこっちをウタリだと思って話すのと、シャモに対しての態度とは全然違うから。それは感じるでしょ。すごい怖そうな顔してるウタリのおじさんでも、ウタリと話すときは優しくなるっていうのはあるじゃん。でもシャモには厳しい。わたしはね、そういう人との違いは、シャモの人に差別されたことがあるか、ないかのことだと思うの。でも、わたしはそんな嫌な思いをしたことがないし、だからそういう態度をとる気持にはならないし、わたしは態度を変えてないつもりだったんだけど、最近はね、関わってくる和人の人にね、前はそんなふうに思ったことなかったんだけど、「あれ？　この人、『してやってんだぞ』とか思ってんじゃないの」って思うようになってきたの。今まではそういうこと思ったことなかったんだけど、最近は、研究とか話聞かせてくれとか、若い人たちがよく来るじゃん、で、なんかね、「プチ裏切り」みたいなのが出てくんのよ、なんとなく。嘘つかれたり、「利用してるんじゃないの、あれ？」っていうことがたまに出てくんのよ。それで最近、見方が変わってきたところがある。

踊りに対する気持ちは子どもの頃から変わっていないと語る。踊りは、あくまで見せるためではなく、楽しむためにやりたい思っている。そのように楽しみながらやることが、日常生活での文化伝承へとつながっていく。それは、日々の生活におけるズレを含んだ反復となるため、「正確な」文化伝承とはなりえないが、そのことはかえって、様々な状況に適応することが可能な柔軟な文化の形成をもたらすと考えられる。

楽しいからやるっていうだけで、別に人に見せるためにやるもんじゃないんだから。人に見せてはいるけど、基本的には楽しいからやるっていうだけで。歌や踊りは地方によって違うけど、他の地方のも知ってて損はないじゃん。私が知ってるところの踊りとは違うところの踊りを教えてもらったりもしたんだけど、全然損じゃないじゃん。やっぱり楽しいわ。それと、このあいだ、また札幌の妹のところに行ってきたの。それで、妹の子どもの誕生日で、ケーキ食べたり、飲んだりしてたんだけど、自然に歌が出てきて、みんなでね、こうやって手を叩いて、歌ったり、踊ったりしてね、子どももやれって言われたわけじゃないのに、子どもたちだけで「色男」やってみたり、でね、妹の子どもが「色男」をやりたいって言うんだけど、女の子がいないわけよ、それで、じゃあやってよって言われちゃって、ええーって感じなんだけど、でも、ここで私がやらないと、子どもたちが覚えないなって思ってやったんだよね。で、座り歌の掛け合いなんかも、みんなでやって、こうやってご飯食べてて、それで自然に歌ったり、踊ったりして、「これが自然なんだね」って話はしたね。それこそ、誰も見てないんだよ、誰も見てないのに、そうやってね、子どもたちも勝手にねぇ。

そのような踊りの伝承に関しては、現在のアイヌの人が新しいものを取り入れながらやっていけばいいと考える。

伝承もそうだけど、それは何百年も前から伝えられてきたものだけど、でもそれはその何百年か前につくられたものだから、今のアイヌの人もアイヌだし、その昔のアイヌの人もアイヌだし、だから、アイヌの人が作った踊りならアイヌの踊りなんだし、今の人がやったって、違うものだったとしてもアイヌの踊りなんだと思う。昔のアイヌの人がやってきたことだけを、今の人はやらなきゃいけないいんじゃなくて、おんなじアイヌなんだから、昔の人もアイヌだし、今の人もアイヌなんだから、今のアイヌの人がやることもアイヌのものなんだよ。だから、形を変えちゃいけないとは思わない。じゃなきゃ、潰れちゃうよね。昔のことを守って、守って、って、それも大切なんだけど、新しいものにしていくっていうのも大事なのよ。今の日本に「同化」して育っちゃってるアイヌなんだから、好きなものを取り入れて作っていっちゃってもいいと思うんだけどねぇ。それを見てくれた人が格好いいと思って、広まっていったらいいよね。格好いいと思っただけでやるっていう、私は、上辺だけの見てくれだけでやりたいって思うのだけでもいいと思う。こないだもさ、中学校に行ったときに、「アイヌ最高！」って言ってくれる女の子たちがいてね、私が料理だの、ムックリだの、刺繍のことだのを教えたりしたんだけど「格好いい、格好いい」って言ってくれてさ。そういう上っ面だけでもね、その子どもたちに差別がどうしたこうしたいうよりもさ、アイヌ民族の文化がいいもんだと思われることが大切だと思うんだよね。そこでさ、やっぱり私自身がいいと思ってやってるところを見せなきゃ、ダメなわけじゃん。そこで、私が物怖じしてたりしたらダメじゃん。私が、楽しいぞっていう態度をとらないと。

前述のように、H氏は、「アイヌ」／「日本人」といった固定的なカテゴリーに還元し得ない自らの存在を感じ取りながら、アイヌとしての存在とでもいうべきものを大きくしていきたいと語るが、そこには常に固定的なアイデンティティに横滑りする危うさが伴われているだろう。しかし、そのような横滑りを回避し、固定的アイデンティティがもたらす息苦しさから逃れようとする感覚もまた、常にH氏には備わっているのではないだろうか。

今はかなり活動を優先してるわ。それでねぇ、生活ができなくなっちゃったら困るけど。気持ちが楽で、生活の中心にしてられるならって。まあ自然に、できる範囲で。

九　若《ペウレ》い仲間《ウタリ》

I氏は、一九四九年、幕別《まくべつ》町・白人《チロット》コタン生まれの女性。現在、「ペウレ・ウタリの会」会長を務める。

I氏はまず、生まれ育った白人コタンについて次のように語った。

鳥のいる沼っていう意味なんですよね。そこでは、八割ぐらいがアイヌの家なんですよ。開拓で入ってきた和人もいて、農家をやってるのがほとんど和人なんですよ。もともとアイヌの土地だったものを安く買われたというかね、それで、あの、アイヌはね、農業をやってる人がほとんどいなくってね、日雇いなのね、和人の農家に。みんな貧乏ですよ。アイヌ文化に関してはね、そんなにねぇ、余裕がないのね。そういうことをするだけの余裕がないわけ、暮らしていくだけで、食べていくだけで。だから、なんかの折りにたまに家の中でカムイノミをしたりね、そういうことはやるんだけど、あんまり伝統文化っていうのは、私の時代はないですね。お葬式とかは、アイヌ式でやってたんじゃないかしらね。私の母親もアイヌ語のできない人だったのね、大正二年生まれなんだけど。その時代でもできない人だったから。

自分がアイヌであることは「自然と」わかっていた。そして、アイヌ民族ゆえの「差別」があるため、アイヌであることが嫌だった。

もう、自然とね、とくに教えてくれたりはしないけど、なんか自然と、コタンにいる頃から自分がアイヌだってことはわかってきましたね。で、嫌でしたね、アイヌっていうのが。差別されるしね。もう、すごいですよ。チロットコタンにいるときはね、まわりがほとんどアイヌばっかりだから、ないんだけど、学校に行くと、絶対少数なんですよ。あの、いじめられるのね。隣の席に座るのがいやだとかね。

I氏は、アイヌであることが嫌だと思う自分がアイヌを差別していたのではないかと自問する。和人／アイヌ＝差別する者／される者といった区別には、I氏の具体的経験に基づく経済的な貧しさや「汚さ」といった要素が付け加えられていた。

嫌だったから、アイヌっていうのが、自分自身でアイヌを差別してたんじゃないかな……、アイヌっていうのが良くないものだって自然と思うようになって。みんな貧乏だったしねぇ、アイヌは。汚いとか言われるし、お風呂もないしね。だから、あの、生活館っていうのがあって、そこに週に一回入りにいくわけ。管理人が沸かしてくれるのね。そんな程度。家にお風呂がある家なんか、私の叔父の家ぐらいしかなかったんじゃないかな。

コタンの中では、「アイヌ」／「和人」といった区別をすることもなく、和人の子どもとも遊んでいたのであった。

コタンのなかでは、そんなのないんですよね、和人の子もいて、一緒に遊んでるしね。でも和人のなかには貧乏な家ってないんですよね。

中学校を卒業するまで、I氏は白人コタンで過ごす。卒業後は知り合いの紹介で、東京の書店に住み込みで勤めることになる。

それがね、本当に楽しかったの。アイヌ差別がないんですよね。で、同僚の女の子二人が姉妹なんだけど、函館の出身なんですよ、北海道なんですよ、でもその子たちはアイヌに接したことがないから、差別しないんですよね。仲良くてね、三人。また、歳のころも、キャッキャッ騒ぐころだったもんだから、もう毎日が楽しくってね。みんな普通にしてくれるじゃない、差別なんかしないで。「ただの一人の女の子」としてね。普通の、当たり前の生活なんだけど、それが嬉しいわけ。アイヌ差別なしにアイヌの話をしてましたよ。そこの旦那さんも奥さんも私がアイヌだって知ってますしね。で、本屋さんだから、店に辞書とかあるじゃない、そこに「金田一京助監修」とか書いてあるのね、そうすると旦那さんがね、「お前の知り合った先生だぞ」って教えてくれたりね。来たときは、金田一京助さんに会わされて、東中野の日本閣っていう料亭に連れられていってね、そんな立派なところだとは思わないのね、あとでわかったんだけど。そこへ母親と一緒に連れて行ってもらって、ごちそうになって。金田一京助さんについては、いろいろな意見があるみたいだけどね。

ここには、東京で、「ただ一人の女の子」になれた喜びがある。ただし、それは、I氏がアイヌ民族であることを隠すことによって獲得された自己像ではない。I氏がアイヌであることは、同僚たちに知られており、自らも彼女たちに対して「アイヌの話」をしていたのである。ここでは、I氏が北海道での経験を通じて形成した和人／アイヌ民族＝差別する者／される者という二分法的な観念図式が崩され、同僚たちが「差別をしない和人」という中間的な存在として、すなわち異質な他者として姿を現わしているのである。そのため、I氏は、このような同僚たちの前では、和人／アイヌ民族＝差別する者／される者という二分法に基づく「アイヌ民族」として現われることなく、アイヌ民族であると同時にそれ以上の存在でもある「ただ一人の女の子」になれたのである。

ただし、東京に来てからも、アイヌが嫌だという気持ちには変わりがなかった。この頃は、なるべくアイヌであることを隠そうとしていた。「アイヌから逃げてた」。東京で、「アイヌ差別から逃れられた」と思い、「もうアイヌでもなんでもいいって思って生きていた」頃に、自分がアイヌであることに気づかされる、すなわち否定的に意味づけられたアイヌとしてのアイデンティティを負わされる出来事が起こる。

中目黒に本屋があって、そこからトロリーバスっていうので、一本で銀座まで行けるんですけど、休みの日に銀座を一人で歩いてたの。そうしたら、私が出た小学校の先生に偶然会ったのよ、あんな人ごみの中でね。「あっ先生！」って言って、走りよって行ったら、パッと踵をかえして　ね、逃げちゃったの、その先生。アイヌだから。その先生は私が行ってた生活館で管理人をしてたのね。生活館で働いて、アイヌのためにお風呂を沸かしたりしてた人なのに、やっぱりアイヌ差別があったんでしょうね、心の中に。みんながみんなじゃないですけどね。そういうことがありましたよ、私はショックでしたね。それは本当にショックでね、しばらく誰にも言わなかった。恥ずかしくて。恥ずかしいのは、反対に先生の方なんだけど、私自身がアイヌってことで逃げられたのが恥ずかしくって、人に言わなかったのね。

このように、I氏は、アイヌであることを嫌だと感じていたのだが、書店に勤めている時にペウレ・ウタリの会を知り、入会する。I氏は、アイヌであることを否定する一方で、ペウレ・ウタリの会に入会するという矛盾があったと振り返る。

学習研究社が出している少女用の月刊誌があるのね、『美しい十代』っていうね、それをね、本屋だからパラパラめくってたの。そうしたらね、「ペウレ・ウタリの会会員募集」っていうのがね、そういうコーナーに載ってたのね。それを見てね、電話番号が書いてあったから、すぐに電話して、それでペウレに入ったんです。杉並に会長の家があってね、元東大生でね、その人の家でだいたい例会をやるんですよ。アイヌの勉強をしたり、毎月のように会報を出してたんですよ。その学生たちが作ったのがペウレ・ウタリの会でね。みんな学生で、アイヌ語ペラペラでさ。なんかね、アイヌのことを否定してるくせに、変なんですよね。否定してるくせに、楽しくってね。行くとみんな若いしね。「ペウレ・ウタリ」っていうテレビ番組もできたんですよ、ＩＢＣっていう放送局が作ったもので、私が一九歳のとき。その頃ペウレに行ってたのって、アイヌ民族に関する会だからっていう感じでもなかったんじゃないですかね。友達を作りたかったという方が強いですね。若い男の人とかね、和人ってアイヌを差別するもんだと思ってたのね、北海道ですごかったから。でもそのペウレ・ウタリの会に入ったら、若い和人の男の人とも仲良くなれるわけ、それが嬉しくてね、色気があったんじゃないかな。その人たちに会えるのがすごい楽しみでね。とくに難しい目的とかなんとかっていうのはなくて、和人に会える、普通にしてくれる、そういうのが嬉しくて。だけど、勉強にはあまり興味がなかったわね。会に行ったら、なんか勉強しなきゃっていう、「しょうがない」みたいな。

Ｉ氏がペウレ・ウタリの会で感じていた「楽しみ」も、前述の同僚たちとの友人関係と同様、固定的な「アイヌ」としてのアイデンティティを超えた存在でいられる関係性に起因しているのではないだろうか。そのような関係性に入れたからこそ、北海道にいた頃はアイヌを差別する存在として理解されていた「和人」というカテゴリーが、少なくともペウレ・ウタリの会にいるあいだは崩れていたと考えられるのである。

その後、ペウレ・ウタリの会は、学生たちが就職したりしたことによって、「自然に消滅」した。次に再開されるまで、六年ほどのブランクがあった。その間、Ｉ氏はそれに代わるものを見つけようとは思わなかったという。

もうね、私、水商売してたもんだから、そっちのほうが楽しくってね。アイヌなんかどうでもいいと思ってた。関係ないって感じ。今でこそ、外国人はいっぱいいるじゃない、でもその時は外国人がもてててね、私は、顔がちょっと違うじゃない、その頃だと目立つのよ。それでね、赤坂にいたときにね、北海道弁のお客さんが何人かで来たのね。帯広らしいのね。「あっまずい」って思って、サァーって逃げて、違う席に行ったことがあったわ。ばれちゃうと思って。

この頃のI氏は、東京にいてアイヌ民族のことを意識することはなかったというが、北海道の実家に帰省するときには「アイヌになっちゃう」のであった。ここで語られるアイヌであることは、上記の仕事の経験と同様、和人／アイヌ民族＝差別する者／される者という二分法によって捉えられた自己意識であると考えられる。

北海道に行くのに、飛行機に乗るじゃない。そうすると、もう飛行機の中から差別がはじまっちゃうの。もうわかるわけよ、北海道の人は、私の顔を見ただけで。その辺は勝手に私がそういうふうに思い込むのかもしれないけど。だからもう、北海道行きの飛行機に乗ったら、私はアイヌになっちゃうの。だから、北海道には行きたくなかったですね、親がいるからっていうぐらいでね。みんながみんな、そうじゃないですけど、私の場合は、向こうに住みたいと思ったことはないですね。

ペウレ・ウタリの会は「自然に消滅」してから六年後に再結成される。I氏はそこに再入会した事情を次のように語る。

ある人が私を誘ったのね。それで、別に興味なかったんだけど、誘われたから、しょうがないからと思って、行ってたの。で、そのうちに、真剣になるようになって、それでまた再入会をして。

I氏は真剣になるようになったというが、すぐにアイヌ民族の文化や歴史を学ぶことに関心をもったわけではないと語る。「そういうんじゃなくて、楽しいから」。

しかし、I氏の感覚には、もちろん変化も見られる。

前は子どもだったのね、でももう、二〇歳すぎて大人になってるから、違いましたね。前は、遊びみたいな感じで行ってたけど。友達ができるということが嬉しかったんですけど、もうそれだけじゃなくなったんですよね。みんな真剣で。

I氏は踊りをやるようになる。踊りをやれなくなってからは、踊りの歌を歌うようになった。そして、ペウレ・ウタリの会の活動を通して、自分がアイヌであることについての感じ方が、大きく変わったといく。これには、アイヌ民族を取り巻く社会の変化も関係していた。

信じられないもんね、今の私を、自分で信じられない。積極的にアイヌに関わってるからね、今は。本当にいい方向にいったと思って。誇りに思うっていう感じですね。とくに、何かがあったという記憶はないんですけどね。変わったからね、世の中が。今の若い人なんか、変わったわよ、昔の私たちとちがって。もう積極的にアイヌのことやってるもんね。私の姪っ子なんかもすごく一生懸命頑張ってますよ。それは、やっぱりアイヌ文化振興法のおかげっていうのもあるんじゃないかしら。いろんな意見があるけどね、あのアイヌ文化振興法に対してはね。でも、良い面もあるわけ。そうやって、若い子が積極的にアイヌになってきてるのは、アレの影響が大きいと思いますね。

I氏は、ペウレ・ウタリの会の活動を「ゆっくり」やっていきたいと思っている。「とくに、すぐにこうやりたいっていうものってないんですよね。ゆっくりとやっていきたいというか」。このような言葉から、I氏は、ペウレ・ウタリの会を特定の目的のためだけに集まった人々の集団としては見ていないといえる。ペウレ・ウタリの会で一番大事なものは「親睦」だと語るI氏は、アイヌの人たちや和人の人たちが集まること自体に意義を見出してるといえよう。このことは、かつてI氏がペウレ・ウタリの会に見出していた、アイヌであると同時にアイヌ以上のものでもある存在(「ただ一人の女の子」)でいられる「楽しみ」を前提にしているのではないだろうか。それは、お互いがアイヌであり、和人であることを認め合いながらも、「アイヌ」／「和人」の二分法を超えた存在でもあることを受け入れた関係である。I氏は、次のように語る。

やっぱりみんな一緒だっていうわけにはいかないんですよね。アイヌはアイヌだし、和人と違うしね、だけど、一緒にやっているところが、素晴らしいことだと思うんですよね。アイヌとか和人とかかって考えないで、普通にしてて。分けるっていうようなことは全然ないです。それがペウレだと思いますね。カムイノミだって一緒にやるしね。

I氏は、望ましい関係性について、次のような出来事があったという。

ここ〔自宅〕の上の階の人と仲いいんですけど、「私、実はアイヌなのよ」って言ったら、「それがどうしたの」って言われちゃった。そういうのがいいなぁって思って。私は告白したのに、そういう気持ちだったのに、上の友達はね、「だから何?」みたいなね。そういうのがいいなぁって。アイヌと認めてね、付き合ってもらえるのが一番いいの。ちゃんと理解してくれて付き合えるのが一番いいかなぁって思いますね。

I氏にとって望ましい関係性とは、アイヌであることを隠すのではなく、明らかにしながら、「アイヌ」／「和人」の二分法を超えた関係を築くことなのである。

I氏は、アイヌ民族というものを多くの人に知ってもらう活動をしていきたいと感じている。それは、上記のような関係を築くために必要なことであるといえる。

アイヌというものがこの日本にいるということを知らせたいですね。講演とかよく行くんですけど、そういう機会を増やしたいですよね。そういう場でアイヌの存在というものを知らせていきたいですね。まだまだ知らない人はたくさんいると思いますので。

第三部　未完の対話へ

首都圏のアイヌ民族の運動を担う人々は、「アイヌ民族」「弱者」「被害者」といった見る者の平板な言葉では捉えきれない日々の生活を生きている。彼（女）らは、生活の営みの中でそれらの言葉に独自の意味づけを付与し、それを捉え直し続けることで、自らの生を型にはまった理解に切り詰めようとする他者の言葉に抗している。彼（女）らの日常的な歩みは、見る者のまなざしが途絶えるその先に存在しているのである。したがって、ここでは、矛盾を恐れることのない語り手たちのしなやかな言葉の働きに耳を澄ませ、彼（女）らの柔軟な運動への取組みに触れていきたい。言うまでもなく、語り得ないものを語ろうとする彼（女）らの矛盾に満ちた言葉を、神の視点において完全に把握し尽くすことはできない。平板な言葉ではけっして捉え切れない人々の言葉のしなやかな働きに目を向けながら、それでもなお、それらの営みを理解しようとして、自らの言葉を紡ぎ続けることによって、共に歩む者としての対話を開始したい。私たちの眼前には、言葉の無力さではなく、常に新しい理解が生み出され続ける創造的な未完の対話が広がっているのである。

一〇　囲炉裏の風景

Ｊ氏は、一九三三年、浦河町姉茶《あねちゃ》生まれの女性である。一九七二年に東京ウタリ会（現・関東ウタリ会）結成の呼びかけを行なう。現在は、「東京アイヌ協会」会員。インタビューの場には、Ｊ氏の娘であるＭ氏が同行していた。

小学校での差別の酷さをＪ氏は語る。

「アイヌ学校」っていうのはあったらしいですよ。実際、自分の姉たちが「アイヌ学校」っていうところに。アイヌ学校に赴任してきた先生がすごくいい先生だったみたいなんですよ。すごくアイヌの子弟を教えた先生で。で、学校が統合されて、国民学校っていうのになったのかな。大正一五年生まれの姉たちが通ってたんですけど、和人の子供たちと一緒になったら、いじめでもう酷い状態。石ぶつけられて追われて、すごかったらしいですよ。私らが入ったときでもいじめられたんですけど、すさまじかったらしいですよ、最初のうちは。だから、アイヌの子はね、まともに小学校を卒業できなかったんですよ。私の場合は、体が弱かったことと、下に弟が三人いたことで、家の手伝いとかがいろいろあって、学校にせっかく行ったら冬休みだったとかね。長期欠席児童ってやつだったね。

このように小学校に満足に通えなかったJ氏にとって、自分の家にあった囲炉裏が「学校」になっていたという。そこで、生活に必要な知識を得ていた。

私たちは囲炉裏で暮らすからね、囲炉裏が、私たちの生活していく学校みたいなものでね。そこで人のやってることを見て覚えるっていうか、興味を持つっていうか。たとえば、うちの父が「カド立つ者には何か恵むものだ」って言うのを聞いてたんですね、袋を下げて家の前に立つ人っているじゃないですか、それでいつかね、私が一人でいる時に来たんですよ。そうしたら、すごく大きなお椀をもってきたもんだから、私、米を五合も持っていってあげたんだって。怒られなかったけどね。

J氏が囲炉裏で見ることができたのは、次のような風景である。

うちの父親が田んぼやる前に山に行って材木の切り出しをやるんだけど、秋に先に前金ていうのを借りて、それで私らの冬のシャツだの、靴だの、靴下だのってのをみんなその前金で買うわけだよ。それで、正月、帰ってくる時は、上げ金で正月をやるだけなんだよ。それで、春になって、帰ってくる時は、何にも買ってくれないの。そのお金は、テーブルいっぱいにおいしい刺身、焼酎、どぶろく、七人も八人も村の年寄りとか、旦那さんがいないおばさんとかを呼んで、ちっちゃな家なのに囲炉裏の周りでうまいもの食って、焼酎飲んで、三日も四日も、父ちゃんの銭っこがなくなるまでいるわけ。で、大きな根っこ木を燃やすから家中が暖まってるわけだよ。そうすると、なんか被って、足を囲炉裏に向けて寝ればね、そんなお客用の布団なんて何枚もなくたって、温かくて、また目が覚めればうまいもの食って、あるだけきれいにうちの父ちゃんのお金を使って、「これで安心してなくなったから」って、みんな帰るわけなんですけどね。もうね、あれはね、本当に父に感謝する。よく父ちゃん、やってくれたなって。あれがね、もう望みもなく歳いってくじいさん、ばあさん、みんな他人だけどね、それが一年中の楽しみだったら、本当に素晴らしいことだったと思うの。人に生きる喜びっていうかさ、あんな楽しい歌って、踊って、そしてあれだけおいしい刺身をね、今でこそホテルに行ったら何万ていう料理だけど、昔は浜さ行ってきたら、本当に安く手に入った。貧しくたって、本当においしいものを食べて。

このようにして、皆が囲炉裏を囲んで楽しく歌ったり踊ったりして、生きる喜びを感じている姿を、J氏は目に焼き付けていた。

また、J氏が風邪をひいたりしたときは、エカシ（長老）が囲炉裏でカムイノミをしてくれた。

私がすぐ風邪ひくと、「母ちゃん、エカシ呼んで、ノミしてくれ」って言うんだよ、私。年中寝込んでたから。そうすると、エカシが喜んで、火のカムイに煙草やら小豆やら塩やら米やらをあげてね、「この子供が今、熱を出してるけども、火の神様、治してやってくれ、なんかの役に立つために生まれてきてるんだから」ってアイヌ語でね、言ってくれるわけですよね、アイヌ語だからわかんないんだけど。で、そういうふうにしてくれた人とかいろいろいるわけですよ。

J氏の日常生活にはこのような囲炉裏の風景が存在していたにもかかわらず、小学生の頃のJ氏は、自分がアイヌであることを理解していなかったと語る。

学校の授業で私が手を挙げることが悔しいみたいで、学校へ行く途中で副級長さんに「アイヌ!」って言われたの。でも、アイヌって言われてもわからなかったの。親もアイヌってことを教えてくれないしね。結局、姉たちの時に、親たちがそういう酷い目に遭って、もう私らの頃には、戦争中だしね、随分緩和されてるだろうって安心してるところがあったみたい。

兄弟が「学校を拒絶」したのに対し、J氏のみは学校で学ぶことに関心を持ち続けた。小学校卒業後は、夏場は農業や兄弟の手伝いをし、冬場は裁縫学校に通っていた。

数えで一三歳から、冬は和人の裁縫学校に通ってね。その小学校の校長先生の奥さんが和服の縫い方を教えるんですよ、仕立て方っていうんですか。そこは一一月から三月いっぱいまで通ってるんですよ。夏は農業とか兄弟の手伝いをしないといけないから。で、それから一九歳の冬まで行ってたから、和服はもう呉服屋さんから結婚衣装を頼まれて、縫ったりしてたんだけどね。縫うことが好きだったから。要するに、何にもないでしょ。何にもないから。お人形さん遊びがね。お人形さんっていっても、布に綿入れて、頭を作って、まわりに貰った布を巻いてね、お人形さん遊びをするのが好きだったからね。縫うのが好きだったのね。それで、何か縫って作りたいわけ。でも作りたくても、糸がないの、当時。で、うちの母の大事にしてた布を外の草の中で隠れて縫ったりして、見つかると怒られるからね。そんなことばっかりしてた。

縫うことは好きだったが、アイヌ民族の着物や刺繍には興味をもたなかった。その頃、J氏はアイヌ民族のものが「大嫌い」だった。

二〇歳まで姉茶にいて、その後札幌の中学に入学した。高等教育を受けた人々への「憧れ」があったが、彼らが一面的な知識しか身に付けていないことに落胆し、「学問」への疑問を感じた。それは、J氏が関わった「アイヌ研究家」に対する疑問へとつながる。

中学校を卒業した人なんかすごい尊敬したし、高校でたったら、もう、雲の上の人。大学なんていったら、もうね、そのぐらい憧れてたからね。高校出たら、世の中のことすべて知ってるだろうっていうぐらい、尊敬してたからね。それが、どうしてこんな元気なおばさんになったかっていったら、大学を出た人がいかに、こっちから言わせると無知蒙昧かってことを見て、ガクッとしてね。これは、えらいことだと気づいたね。大学出た人っていうのは専門のことばかりでね。しかも社会に出ちゃうと専門のこともそっちのけにしちゃって、生きることに一生懸命でしょ。そうすると、なんのためにレベルの高い教育っていうか、そういうものを受けたのかなって気はしましたね。今でも疑問ですよね、学問ってなんなのかっていうことは。私が携わったアイヌ研究家っていう人たちは、あまりにも想像で自分の文化から見たアイヌっていうものを捉えていたので、和人側の人にはアイヌ側の思いっていうものを踏まえてもらえればいいなって思うんですね。

明治時代以降の同化政策を経て、昭和のJ氏の親たちの世代では、もうアイヌ文化を「つなぎきれない」と思われるようになっていたが、J氏はなんとかアイヌ文化を「つないでいきたい」と考え、一九七二年の朝日新聞の投書でアイヌ民族の活動の必要性を訴え、東京ウタリ会を結成した。

明治から大正、昭和となって、昭和の私たちになった頃にはもう、親たちもつなぎきれないなって思うようになってくるわけです。アイヌの文化をね。だからね、ちょうど一九七二年に、この人たち〔M氏とその弟〕を犠牲にしてまでアイヌ問題やったっていうのは、このままアイヌを滅び行く民族とか馬鹿にされたままね、いかないんだってことをね、囲炉裏を囲んでた大人たちの言葉の端々でね、自分たちは馬鹿にされるような民族じゃなくてすごいんだと、そういう言葉があったからなんでね。

一九七二年にJ氏が運動の呼びかけを行なったことの根底には、幼少の頃の「囲炉裏」という学びの場で大人たちが話していた言葉が響いていた。そして、J氏が「つなげていきたい」と感じたアイヌ文化も、あくまで自分が実際に見た囲炉裏の風景が基底にあると考えられる。J氏にとっての「学校」である囲炉裏で学んだことや、そこで父親の振舞いを見るといった生活経験に基づいて、アイヌ文化が理解されていたであろう。そして、J氏が和人の研究者に理解して欲しいと語る「アイヌ側の思い」とは、そのような生活経験に根ざした意味を与えられたものとして理解されるべきものである。さらに、J氏が「呼びかけ」のなかで希望していたアイヌ民族の仲間との「語り合い」とは、このようなお互いの「思い」を語り合うことであったのではないだろうか。

運動を呼びかける以前、J氏は詩を書いていた。J氏は、一方で、アイヌ民族を「大嫌い」と感じながらも、他方で、アイヌ民族に関する詩が書けないことに苦しんでいたという。また、街中で、アイヌ民族と思われる人を見かけても、声をかけることができなかったことも苦しかったと語る。

結局、アイヌのことを書けないっていうのは、すごい苦しみなわけよ。どんな偉そうなことを書いてて評価されても、自分に残っていくのは苦しみだけなわけよ。そういうこともあったし、あとそれから集団就職でアイヌの子弟たちが東京に出てくる、それなのに街角で会っても声を掛け合うことができない、そういう苦しみね。何のために、そういうアイヌ同士が差別し合うのか。差別し合うことを押し付けられてきてるからね。

J氏は、アイヌ民族を「大嫌い」と感じながらも、自分がアイヌ民族を「差別」していることに苦しみを感じてしまう。ここでも、囲炉裏で、「自分たちは馬鹿にされるような民族じゃなくてすごいんだ」と語っていた大人たちの言葉が響いているのではないだろうか。そのような言葉が、J氏に首尾一貫しない思いを抱かせるのではないだろうか。

囲炉裏で聞いた大人たちの言葉に突き動かされて運動の呼びかけを行なった後も、J氏はアイヌであることに誇りをもつことができなかった。首尾一貫しない感覚が並存したまま、運動を続けてきたのである。

誇りをもてるようになってたら苦しまないけど、なってないのに、どこかで力んでっていうかね。話は飛んで、アイヌ問題やってから、自分の老後ってことを考えて喫茶店をもつんですけど、そこに空元気を出すためにアイヌの着物を掛けておいたんですよ。でも、誇りではなかったんです。誇りをもってアイヌの着物を掛けたんじゃなくて、あの着物に対しては申し訳ないけども、針千本刺さったままだった。けれども、なんか糸口を見つけなくちゃいけないと思ってね。そうやって、アイヌ問題をずっと続けてきましたけども。だから呼びかけてからも、そういうふうにせつないっていうかな、空元気を出しながら頑張ってきましたけど、その時にね、アイヌの子は、ちょっと手を貸せば、芸術家になれるんだって一つだけ確信してたことが、大きな力になってた。そういうことは信じられたの。

呼びかけを行なった当初は、活動の明確な目的というものをもたず、首都圏に住むアイヌの人たちが集まること自体に意義を見出していた。

格好いいアイヌ問題なんて考えてなかった。まず、東京でね、心寄せるアイヌが集まって、田舎の話でもいいし、親戚の話でもいいし、どうやって生きてる、こうやって生きてる、元気でやるべなってことと、それから先祖をね、こっちに来てるとめったに帰れないから、イチャルパっていう先祖供養っていうの、一緒にやれたらいいなぁって。それと、「ウタリたちよ、手をつなごう」っていうのは、なんでウタリたちはこんなふうになってるんだべなっていう話をしたいと思って。まあ運動というものに高まっていくとは思ってもなかったんだけど。

集まること自体を目的としていたため、集まる場所の確保が重要であった。そして、集まって上述のように語り合うことによって何らかの活動が展開すると考えられていた。

集まれる場所がほしいということで都庁に訴えかけて、集まったら、みんなの提案があるじゃないですか。そうするということですよ。自分がこうしよう、っていうのじゃあないですよ。集まって決めようっていう。

都庁に陳情する活動と並行して、依頼されて、アイヌ民族の歌や踊りを見せに行く活動も行なっていた。

色々呼ばれてたよ。都庁に陳情中もね、呼ばれて、ここで歌いなさいって。ある程度はね、身についてたんだね。集まると踊ったりとかはしてたからね。

また、一九七四年に、東京都から「在京アイヌ生活実態調査」が東京ウタリ会に委託され、J氏をはじめ、会員は、東京在住のアイヌの人たちを訪ねていった。

当時ね、飯場ってね、あっちでもこっちでも飯場があったんですよ。それで、本当に出会ったことのないウタリにね、随分出会うんですよ。それで、あっちの集団、こっちの集団って紹介されるんですよ。で、そういうところに行くと家族単位で、一つの飯場で二、三〇人くらいアイヌがいるんですよね、そうするとね、私の親からちょうど一〇歳くらい若いくらいのおじさん、おばさんなんですよね。それが、すっごい喜ぶんですよ。東京で、こうやってウタリのことをやってくれてねって。その人たちが、あっちで親戚いる、こっちで親戚いるって、「こっち行ってみれ、あっち行ってみれ」って、で、行った先で塩撒かれたりね。あのね、例えば一つの例として、サラリーマンのアイヌの男の人が現われるんですよね。電話して、喫茶店とかで会うんですけど、自分がアイヌだとは家族に言ってないと。で、会社でも自分がアイヌとは思われてないと。だけど、アイヌに関しては関心があると。だから頑張ってくれって言うんですよ。大学生でも、学校の先生でも、そういう人はよく来てくれたんだよね。行くんだけど、家族とか自分以外の人には絶対会わせない。前向きではないの。それで、個人的には、よく会いに来るの。よくね、食べ物屋とかで、ご馳走してくれたりね。だけどね、活動には入ってこない。

東京ウタリ会の活動には人間関係の軋轢が存在していた。それは、グループの活動目的によって規定された「会員」同士としての関係を超えた関係性の存在を示唆している。

ちょっと上の人は、私がアイヌ問題をやったってことで、私を疎ましく思うんですよ。知ったかぶりして、生意気だって。私の運動にはいつもそういうことがつきまとってきました。それは、でも、そういうことだろうと思ってやったから。なんでかっていったら、村にいても、混血の子供とそうでない子供たちとか、弱いアイヌ同士でも悪口なんか言い合ったりしてるのを見てきているからね。そういうことは、こっちに来てからも、同じことの繰り返しだな、と。諦めるしかなかったというかね。

J氏は、東京ウタリ会の活動を通じて、アイヌ民族を取り巻く問題が和人によってのみ語られる状況に違和感を覚えるようになる。これは、自分たちだけが一方的に語られる関係性への不満を表していた。

最初は、様々な差別に関心を持っている人と連帯したいって言ってたんですけど、結局、和人が入ってくるってことは、政党、宗教、それからあの頃だとセクトだとかってね、そういう社会だったんですよ、あの頃はね。そうすると、大学を出た人たちに、すごくコンプレックスというかね、弱いから「アイヌなんか」って自分たちで思っちゃうから、やっぱり大学出て、理論をもって、立派な新聞紙上にでも載るような人たちを崇拝したっていうかね、そういう人たちの意見が比較的取り上げられる会が強くなってきたっていうか。だから、アイヌ民族問題ということで、私はもうシャモと関わることを極力避けてきたんですよ。この人らはどうして自分たちのことを自分たちでやるようにさせないんだろうかって。今でこそ、あんたとか許すけどね、許さなかったたね。私も無茶だと思うんだけどね、そうやってアイヌに期待しすぎるっていうのはね。でもやっぱりアイヌでアイヌのことをやらなきゃ、誰にやらせて、何を言わせるのって。

一部の人々の理論的な言葉が強い影響力を持ち、運動に参加していたアイヌの人々が語れなくなってしまう。それは、生活経験に根差した「思い」をお互いに語り合う場を作ろうとし、「語り合い」のなかから自分たちの進むべき道を展望しようとしたJ氏の求める運動の姿ではなかった。そこでは、自らの「思い」を語ろうとする声が、見る者のまなざしによって構成された論理によって沈黙を強いられてしまうのである。

東京ウタリ会の活動の成果として、新宿職業安定所で、「ウタリ相談員」になる。職業相談にとどまらない、生活全般の相談を受け、しかもJ氏一人にすべて任されてしまったため、「耐えられなく」なってしまった。

都庁で実態調査をやってもらって、アイヌ問題というのが成立したから、アイヌ相談員というのを陳情してたので、その第一回目の相談員になったんだけど、アイヌの問題はJに任せておけばいいって、こういう感じになっちゃったんですよ。それで、お店もやって、それもうまくいかなかったんだけど、耐えられないっていうか、逃げ場もないしね。私は、ほら、泣き言いえないじゃない、子供たちがかわいそうでも。子供がうちでアレしてるなぁって思うと、お店入っても、涙流したりとかしてたから。でも、「お母さん、なんで我慢するの」って、我慢してるなんて一言も言わないのに、我慢しないでって後ろから言われたことを覚えてるんですけどね。でも、無縁仏を引き取ってとか、手術の同意書を親がいないから書いてくれとか、想像以上の仕事が……。役所だったら、九時から五時までで、デスクに座ってる仕事なんだけど、それ以外の時間にやることが多かったっていうか。向こうの仕事が終わるのを待ってれば、帰りも遅くなるし。当時、職安なんかに堂々と来るアイヌなんていなかったから、職安に連れて行っても、焼酎臭いわけよ、甘えてるのね。で、すぐクビになると道端で泣いたりさ、男の子が。で、明らかに体が弱ってて、お金もないから生活保護をもらおうとして行くと、役所がものすごく厳しく断るわけ。そうすると、私のせいにされるのよね、ひがんで。ひがまれたって、どうしようもないのよ。とにかく私のところに行けばってことで、警察も頼ってくるし。

東京ウタリ会が関東ウタリ会になってからは、特定のグループに所属することなく、関心のある活動に個人的に参加するようになっていた。

J氏は、六二歳になって、「縫いたくなかったアイヌのものを縫い始めて」、徐々に、アイヌであることに誇りを感じるようになる。ただしそれは、尊敬に値する「先祖」をもっていることへの誇りであるという。つまり、誇りの対象はあくまで「先祖」であって「同世代の人たち」ではないとされ、抽象的で同質的な「アイヌ民族」全体が想像されているわけではないことに留意しておきたい。

やっぱり、布絵というか、縫いたくなかったアイヌのものを縫い始めて、で、自分は針についでは自信をもっていたわけですよ。で、針仕事に関しては自分が一番だとか、どこかで自負してたんだけども、どっこい民族の針というのは違ったわけですよ。ものすごい深みがあって。それで、まあ、やっとね、自分で六二歳から札幌に行って、やっと自分の時間で好きなことをやってると思ったね。それまで、背中を叩かれるように生きてきたからね、誰かに疎まれて、人に追っかけられるようにして生きてきたから。その時、縫うということに専念して、この糸はどこから来たということを考えたわけね。ずっと辿れば、注連縄であったり、ロープであったりするんだけど、ずっといくと、イグサであったり、木の繊維であったり、蔓であったりということに、人間はそこに出会ったと。人間が生活のために何かを使った時に、この縄というものがすごい働きをして、人間に生きる喜びというか活性というものをどんどんくれたんだろうなって気づいた時に、わっと涙が溢れた。それを、先祖が縄という形で残してくれたんだなって。そういうふうに考えて、それがね、すっごく解放してくれたの、私を。こういう先祖をもっていたのに、私は何に怯えていたのかなって。

このように、「縫う」ことを通じて、「深み」をもった文化を残してくれた先祖がいることを理解し、そのことがJ氏の誇りの源泉になったのであった。

そして、「縫う」という経験の中から立ちあらわれてきた「先祖」や、かつて自分の家の囲炉裏を囲んでいた大人たちから学び、受け継いだものを、J氏は次の世代へと「つないでいきたい」と強く思う。そのようなつながりの中にいることで、人は「強く生きる」ことができ、「生きる喜び」を感じることができると語る。

結局、つなぐということ、そういうだけの基本的なモラルがあれば強いじゃないですか。強く生きてて、優しくなれるじゃないですか。それで恐いものがなくなるじゃないですか。解放ですよね。そして、かつ、生きる喜びをもったら、誰が何と言おうと、人間として素晴らしいじゃないですか。

現在は、弟であるC氏が会長を務める東京アイヌ協会に参加している。「今の会は、ものすごく健康的ですよ。アイヌ自らがさ、活動してるっていうのはね」。この言葉からは、東京ウタリ会のように、アイヌ民族をめぐる問題が和人側によって一方的に語られてしまうということにならないことを目指していることがうかがわれる。そして、それぞれの参加者の多様なアイヌ文化への姿勢や「思い」が尊重され、活動への柔軟な取り組みが可能になっている。今の東京アイヌ協会は、「リラックスしていられる」場所だという。J氏と共に東京アイヌ協会に参加しているM氏は、次のように語る。

休眠したい時は、休眠したいって言えば、「はい、どうぞ」って。また、メールが来て、そろそろまた活動したいって言えば、じゃあ、今度はこの日にこういうのがあるからって言うと、行きますって。だから、本人がまたやりたいって言わなければ、こっちからは言わないし。それに、一人一人が東京アイヌ協会で何がやりたいかっていうことも、みんな模索してますよ。自分がね、踊りがいいのか、ムックリがいいのか、縫い物がいいのか、とりあえずやってる自分はなんなのかって、模索しながらやってるよ。だから、まだそうやって模索しながら、お互いに傷つけあうことなく、相談しやすい関係でいるっていうのかな。だけど、歌や踊りや刺繍を習うだけの集まりじゃないっていうのかな、私生活も含めた関係をもてる会になってるって思うのね。だから、こうやって座り歌を五人でやってるときも、一人が旦那の愚痴を言い出したら、「うん、うん」って聞いてて、で、一人が「あんたが悪いよ」とか言いだして、「よく向こうが耐えてるね」とか、「それじゃ次の歌」なんて言って。そういう次元の話ができることも、来たい理由になってる。ここで言える、ここで家族の悩みを言える、ここで田舎とこっちの違いを言える、それで安心して帰る。来なかったら、なんで来なかったのとか、電話もしないし。

東京アイヌ協会においても、そこに参加する人々は、「アイヌ」あるいはグループの活動目的に応じた「会員」としてだけではなく、様々な生活の悩みを抱えた生身の人間としても認められる。すなわち、これらの人々は、「アイヌ民族」の文化を伝承し、「先住民族」としての権利を求めるアイヌであると同時に、それ以上の存在としても、活動の場に参加しているのである。したがって、その場を、活動目的によって同質化されたものとして理解することはできない。

「アイヌ」／「シャモ」という「民族」の枠を超えたつながりは確かに存在し、それはインタビュアーに対しても求められる。

シャモ学者のね、偉そうなこと言ってアイヌを踏んづけてきた奴らは憎たらしいけど、アイヌの社会ではね、シャモとアイヌの女の人が結婚しているわけ、それで混血の子供がいるわけなんだけどもね、そのおじさんたちはね、顔はシャモだけど、みんなアイヌになって、それで何か儀式があると来て、胡坐かいて、ゆったりとしてその時間を楽しんでいくっていう、そういうものだったから、アイヌと一緒に村で暮らしたシャモのおじさんたちは違和感ないね。だから、あんたもね、構えないでね、弟のところへ行ったときも構える必要なかったべさ。シャモのおじさんもみんなカムイノミに参加したりしてね、イチャルパだとか葬式だとかも、シャモのおじさんも当たり前の顔してね、みんなアイヌになってたから、それは自然体で。なんで私がシャモのおじさんを信頼するかっていったら、そういうところから見ていかないとアイヌとシャモを分けて考えていくことはやっぱり駄目なんだと、それぞれの文化というのは伝えてくるけど、そういうところを理解しないと、解放っていうのはないと思うし。

これまでの活動を振り返って、J氏は、アイヌ民族としての自己の存在を具体的な経験のなかで理解していくことが重要だと語る。

すごく自然にね、自然に接しながら誇りを高めていって、解放されるということが一番理想だと思うんです。力説してシンポジウムに行って、文章書いて、これでもか、これでもかっていうことは、いいかもしれない、悪いとは言わないけど、私の中の解放じゃなくて、その人が歩いてきて、アイヌ料理を食べて、作るのを手伝って、それがやっぱり解放につながる。

一一 生活を守る、家族を守る、文化を守る

K氏は、一九六七年、美幌《びほろ》生まれの女性で、関東ウタリ会会員である。

K氏が生まれた集落は、同じ姓をもつ「身内」だけが住む所だった。

まあ、やっぱり家と家のあいだにはさ、その家の、あそこは稲作地帯だったから、稲とかビートとかジャガイモとかの畑をはさんだ感じで、だからお隣でも数キロは離れてるっていう感じだね。でも、たまたま私の生まれた家はねぇ、農地と農地の境界線にね、どういうわけであそこの一軒だけシサムの家族が入ってたのかわからないんだけど、若いシサムの夫婦の家がね、呼べば聞こえるぐらいの距離に一軒だけあったんだよね。トマト農家だったんだけどね。お子さんが私より二つ三つ下だったのかなぁ、なんせそのくらいのちっちゃな女の子が一人いるね、唯一自分たちと顔の違うお宅なんだけど、なんであの人たちあそこにいたんだろうね。

K氏の両親は、子どもにアイヌ文化を伝えたくないと思っていたようである。

大人同士は、子どもに聞かれたくない会話なんかはアイヌ語でしてたし、うちの親は出かける前

と帰ってきた後は自分の家の炉でね、カムイノミをしててね、本当にアイヌのチセのつくりだったから。でも、意識的に教えないようにしてた。うちの親の、特に母親の考え方は、うちは両親ともにアイヌの家系でシャモの血が入ってない家系だから、だから風貌もまんまアイヌのところにアイヌ語も堪能でっていったら、この時代にこの子が育つにあたって差別とかいじめとかが強くなって幸せが来ないっていうことで、自分たちの子どもにはね、あえてアイヌ語もアイヌプリも覚えて欲しくないっていう思いが強かったんだよね。

しかし、K氏が生まれた集落は、隣家を除いてすべてがアイヌの人の世帯であったため、かえって自分をアイヌだと自覚することはなかった。集落の内にいるかぎり、アイヌと名乗る必要性がなかったのである。集落の内には、わずかに和人もいたが、「アイヌ」／「シャモ」といった区別に基づいた自己意識が形成されることはなかった。

自覚してなかったもん。本当に、父親が死んで、自分たちの田畑を取り上げられて、街中に借家を借りて引っ越すまで、必要なかったんだよね、「アイヌ」っていういじめも差別もなかったし、あえて「アイヌ」って名乗る必要もないわけじゃない。で、世間に出てみたら、シャモばっかりで。だから、父親が生きてた頃に住んでた場所では、多数派が私たちだったから。隣の子も、ちっちゃな女の子だしさ、かわいかったし、私が末っ子だったから妹がいるみたいなね。うちにもシャモの子なんだけど、事情があって引き取られて、うちの兄弟として育てられたシャモのお姉さんはいたから、たまぁにそういう人がいるんだなっていうぐらいで、基本はこの顔だと思ってたから、小さい私の世界ではね。その頃は和人だから、アイヌだからといったこともなかったし、民族が違うとも思わなかったし、シャモだのアイヌだのっていう言葉すらもね、関係ない世界にいたわけだから。

小学校に入り、「いじめ」を受けたことをきっかけに、アイヌであることを思い知らされた。しかし、辛いことばかりだったわけではない。

もう、ほとんどシャモ。なんでこんな目に遭わなきゃいけないのかなっていう……、で、最初はそう思うのよ、でも、それを繰り返し繰り返し長い間にわたって受けていると、私の存在そのものがこの世に対して「いけないもの」であってって自分を消去する方向に考え方がね、だから本当に自殺も考えたし、そういういじめとかがない世界に逃げ出したくて家出したり、行き先もないのに、何十キロも歩いていったりね。でね、おもしろいんだけど、父親が生きてた頃は金持ちではないけど、貧乏人でもなかったわけよ、農家をやってる家でもあったからさ、他の家が麦を多く食べてても、うちは白米が食べれたりっていう、食事の面では裕福なね、ただ兄弟が多いから洋服はお下がりが多いわけでしょ、で、うちは羊なんかも飼ってたから毛糸なんかも作ってたのがあって、だから母親の手編みのセーターとかね、たとえば他の兄弟が着ていたやつで小さくなったのとかは、一度ほどいてから私専用に編みなおしてくれたりっていうことをしてくれてたから、お古なんだけど愛情の一手間二手間が加わってたからお古じゃないみたいな感じでね。だから、そういう点では他の家の人よりも小奇麗な格好をしてるんだけど、経済的には貧しいっていう家だったのね。

その後、小学校を転校して母親の故郷の「屈斜路コタン」に住むが、そこはほとんどがアイヌ民族の世帯であった。母親はＫ氏にアイヌ民族の文化を知って欲しくないと思っていたにもかかわらず、周りの大人たちがＫ氏に様々なことを教えてくれる環境であった。

アイヌが多いところに住んでるから、母親が隠そうとしたって、周りの大人がね、「ねえねえ、今それ何て言ったの」って聞けば教えてくれるじゃない、だから、今の私にとっては良いところに引っ越したのかもしれないね、今の立場で言えばね。あの頃はまだ丸木舟なんかも屈斜路湖に浮かんでたしね。

ただ、Ｋ氏はその頃、アイヌ文化自体に関心があったわけではなく、「何にでも」興味を示していた。学校において、アイヌとしての否定的なアイデンティティを認識させられる一方で、屈斜路コタンにおいては、「アイヌのこと」と「シャモのこと」を区別することなく、興味を感じていたのである。

私は不思議なのが気になるの、何でも。だから、アイヌのことでも、シャモのことでも、「これは何？」って。好奇心が旺盛っていうか。そこにはたまたまアイヌのものが多いからそれについて質問していたということでね。丸木舟を見たときも、「なんで丸太が浮いてるんだろう」って。多分たまたま自分の身の回りで飛び交っている意味のわからない言葉がアイヌ語だったということで、「それはどういう意味？」って聞いてたんだと思うのよ。

小学校でアイヌ民族であるがゆえのいじめを受け、自己の存在を否定していたにもかかわらず、屈斜路コタンでの同じアイヌ民族の仲間の存在を否定することはなかったと語る。

だから、まわりの同じアイヌの仲間の存在は否定しないんだけど、いじめの対象になっている自分の存在だけを否定したくなるっていう感じだったから。で、一日学校さぼったときにかくまってくれたのが、やっぱりアイヌの夫婦の家だった。

K氏は、アイヌであるがゆえのいじめを受けた自己の存在を否定しつつも、様々なものへの好奇心の一つとしてのアイヌ文化への好奇心を失うことなく、さらにアイヌ民族の仲間の存在も肯定していたと語る。このことは、K氏が、自己の存在と「同じアイヌの仲間」の存在を、「アイヌ民族」／「和人」という固定的な二分法で捉えていなかったことを意味する。すなわち、K氏は、「同じアイヌの仲間」を、独自の生活経験に根ざした「理解しがたさ」をもつ生身の人間として捉えていたのであって、そのような異質性を排除された同質的な「アイヌ民族」というカテゴリーを前提とした固定的アイデンティティを持っていたわけではないのである。同時に、K氏は、そのような認識に基づいて、自分をアイヌであると同時にアイヌ以上のものとして捉えていた。それは、「私がアイヌなのは揺ぎ無いことで、両親のどちらもがアイヌだから選択の余地がないんだけど、アイヌ民族だけの私じゃない」というK氏の語りからも裏付けられる。

また、小学校での「いじめ」の経験から、K氏は、和人／アイヌ民族＝いじめる者／いじめられる者という二分法を形成していたが、それは具体的な経験に由来する意味づけであったため、異なる経験によって流動化していくものでもあった。すなわち、K氏は、「意地悪」かどうかという基準を持ち込んでいたのである。だが同時に、そのような「親しさ」とは別に、同じアイヌ民族の同胞とのあいだでしか得られない「ゆとり」や「充実感」もあった。このことから、具体的な生活経験に根ざす関係のとり方は、常に一定の揺らぎを帯びているといえよう。

私の場合は、基本的に意地悪な大人かそうでない大人か、それが基準だったから、たとえ親戚でも、「この人意地悪な人だから近づきたくないわ」とか、血筋がつながってはない人だけど、「この人は意地悪な人じゃないからいいわ」みたいな。だから今でもそうよ、同じアイヌの仲間が集まろうが、シャモが集まろうが、基本的にその人の心根自体が、私には、親しくするかしないかの基準になってるのね。ただ、アイヌの仲間が集まったときに、たまには自分たち民族だけで気兼ねなく、同胞は同胞として、同胞の中でしか得られないゆとりとかね、充実感ていうのもあるから、個人的な好き嫌いはそれぞれの中に持ってるものではあるけど、それはそのままにしまっておけばいいもので、仲間としての交流はしましょうよっていうのもあるよ。ただ、酔っ払って絡んでくるようなのは、アイヌだろうがシャモだろうが全部否定するけど。

中学校でもいじめはあったが、部活動やアルバイトが忙しくなっていたため、悩んでいる「ひまがなかった」。中学卒業後、川湯温泉のアイヌ民芸品店に就職した。アイヌ民族のことを全く知らない観光客の「変な質問」に答える毎日であった。

あの頃はね、よくインド系のハーフと間違えられたの、観光客の人にね。それでアイヌだからって言うと、「えっアイヌの人ってまだいたの」って言われて。本州に行ったら、こっちがアイヌって名乗らなければアイヌっていうのを知らない人ばかりなんだから、いじめられないなって、逆に思ったね。本州に移ったら楽なんじゃないって思って。それが本州に移る一番の動機。

川湯温泉で働いているときは、仕事の一環として観光客にアイヌ民族の踊りを見せることもやっていた。アイヌとしての否定的なアイデンティティを持つ一方で、「アイヌの仲間」から踊りを学んでいた。

民芸品店で働いているときに、踊りは仕事の一部としてやってたの。踊りですごいって言われてる年寄りたちが同僚だったから、筋金入りで踊ってきた人たちにお尻叩かれたり、手叩かれたり、足叩かれたりして覚えさせられたよ。子どもの頃に踊ってるのを見てて、親に覚えちゃいけないって言われたのをこっそり通って覚えちゃってたから仕事にできたんでね。母親は私をアイヌから遠ざけようとしたんだけど、母親の「駄目」、「見るな」、「聞くな」が逆に私の背中を押し続けてたんだよ。

K氏は、アイヌ民族への差別から逃れるために、東京で、アイヌであることを隠して生活しようとするが、刺繍や踊りが好きだったために、偶然の出会いをきっかけにしてJ氏たちが行なっていたアイヌ民族の活動に関与することになる。ここでは、矛盾する感覚がつなぎあわされている。

布地を仕入れてきたのをみんなに配って、それに刺繍をして、また回収して、委託販売してもらえるようにしようみたいな感じで、一生懸命やったりね。たまたま出会った人がね、アイヌの活動に熱心だったということで。人と接するのも嫌いじゃなかったし、刺繍とかそういうのも嫌いじゃなかったからね、ただ、アイヌだからって煩わしいいじめとか差別とかが嫌いなだけで、アイヌ自体が嫌だというのがあったわけじゃないから。だから、アイヌだからっていういじめと差別がなければ何の問題もないっていうのが本音だったから。刺繍もそうだけど、踊りそのものも大好きだったから。あの本当に、盆踊りでも、ディスコでも、アイヌの踊りでも、踊りと名のつくものは全て好きだったから。

アイヌとしての自己の存在を否定する一方で、アイヌの刺繍や踊りを好んでいたのである。独身時代は踊りや刺繍を「好きだから、楽しいから」やっていた。アイヌとしての自己の存在を否定しつつも、アイヌ民族の踊りや刺繍を、生活を充実させるための楽しみとしていたのである。しかし結婚後は、自らの生活の楽しみとしてばかりでなく、子どもが自らに誇りをもてるようになるためにアイヌ文化を伝える「架け橋」としての役割を果たしたくてやっていたと語る。アイヌ文化を実践することは、「家族を守る」ということにつながる。

独身時代っていうのは、好きだから、楽しいからやってるだけで、自分が母親になって子育てをしていくなかで、自分が何者かっていうのをちゃんと子どもに伝えるにはね、ちゃんとした自分の文化とかね、そういうものを身につけて残さないと、結局子どもも、私と同じ壁にいずれぶつかったときに、自分に誇りがもてないでしょ。だから、自分自身の誇りを取り戻そうっていうよりは、子どもに、誇りをもった人生を歩んでほしくて、そのためにはちゃんとした自分たちの民族のこととか文化のことをきちんと正確に自分も身につけなきゃいけないし、子どもにそれを伝えてやる架け橋なんだよなっていうのを感じて。自分が差別とかいじめで苦しんで、自分に誇りがもてなくなって落ち込んだ経験を踏まえて、アイヌ民族とかアイヌ文化といったものを誇れる私の姿を見せることが一番の教育だと思ってる。息子のときは、何も教えなかったから、同級生のお母さんがたの「ジャパユキだ」っていう噂話が子どものいじめにつながったから。そのときちゃんと子どもにアイヌってことを教えていれば「ジャパユキの子」っていじめられたときに、「違う、アイヌだ」って言えただろうって。それを私がしなかったことがここで息子のいじめにつながったんだなぁって、それを教訓に、娘には万が一そういういじめを受けたときには「私はアイヌだ」って胸を張れる人になってほしかった。娘には、関東ウタリ会の活動のなかで、見て、聞いて、触れてっていうことのなかで、いじめなどの状況にあったときに、それを跳ね返すだけの力をつけさせるのは今だって思ってやらせたんだよね。だから、母親にならなければ、ある意味ここまで関東ウタリ会にどっぷり浸かってなかったかもしれない。

K氏は、J氏たちとの活動と同時に、ペウレ・ウタリの会にも参加していた。勉強会に出席していたが、勉強よりも、同胞に会うことを楽しみにしていたのであった。

ちゃんと正式に入ろうよって言われたけど、「嫌だ、なんでアイヌのことをシャモから習わなきゃいけないの」って断ってた。だから、勉強したいっていうのよりも、「アイヌが集まる勉強会だから」ってことで行ったんだけど、行ってみたら、アイヌよりもシャモのほうが多かったの。

東京に来たばかりの頃のK氏は自らの行動に矛盾を感じなかったのであるが、やがて、差別から逃れたくて東京に来たことを思い直し、活動から遠ざかっていく。

なんでね、私はアイヌの差別が嫌で東京に来たのにね、なんでアイヌのことを一生懸命やってんだろうって。これが嫌だから東京に来たんでしょって。この煩わしさから逃れたくて、ここに来たのに、わざわざね、自らそこに飛び込んでいって何をやってんのって。母親にも嘆かれたのよ、「お前はね、アイヌの差別が嫌でそっち行ったんじゃなかったのか」って。東京で若い活動家ってことでさ、顔写真入りで新聞に載っちゃって、で、それはたまたま親も見て、「何をやってるんだ、お前は」って。アイヌもシャモも関係なく、私個人で生きてみたいっていうのがあってね。スパッと連絡を断って。

しかし、アイヌであることを明らかにして活動することはやめるが、個人的にアイヌ民族の刺繍をしたりすることは続ける。田舎に帰ったときには、踊りの場所にも行っていた。つまり、アイヌであるがゆえの差別を嫌い、自己の否定的なアイデンティティが広く知れ渡ること（「顔写真入りで新聞に載っちゃって」）を避けるために仲間たちとの連絡を断ち、すべての活動から遠ざかるが、その一方で、アイヌ民族の刺繍や踊りを完全にやめることはなかったのである。

ただアイヌの刺繍はやってたよ。アイヌの仲間とは連絡を断ってたけど。だから、当時一〇代の私にはとてつもなく高い買い物だったけど、萱野さんのカセットテープの付いた、あの当時で一万五千円の本を買って、テープを聴いたりとか、刺繍をやったりとか。それに田舎に帰ったときは、田舎にアイヌ衣装を置きっぱなしだったから、そそくさと自分の着物を着て踊りの場所へ行くという……。だからアイヌのことを一切遠ざけてたわけではないの。人としてのアイヌを遠ざけてただけで、自分の文化というか、そういうものは常に自分の身近に置いていたから。

ただし、会社の中や友人関係の中で「信用できる」人には、自分がアイヌであることを言っていた。

初対面の人には言わなかったけど、会社の中とか友達関係の中では、私はアイヌだっていうことは、当たり前のこととして言ってましたよ。人としてね、人としてこの人は信用できるかできないかってことで。特別言いたいってこともないし、隠したいってこともなかったからね。本当に、社交辞令だけで終らすような関係の人には言わない。

K氏は、数年のブランクを経て、アイヌ民族の活動に戻る。その際に、結成後数年を経ていた関東ウタリ会に入会する。それは、O氏とのつながりによるものであった。K氏にとってのO氏は、関東ウタリ会で活動する者であると同時に、それとは直接関係のない様々な話をできる存在でもあった。そのような多義的な関係性は、K氏が関東ウタリ会に入会した後にも維持されるものであった。

Oさんと再会して、いろんな話をするようになって、東京でこういう活動やってんだよって。それを聞いて、私もやりたいなぁって。だからやっぱり、同胞と会うとほっとするっていうことね。生活にもおわれてるし、子育てにもおわれて「なんで自分ばっかりこんな目に遭ってんだろう」っていう時期に、仲間に会って些細な愚痴を、日本人には言えない愚痴ってあるじゃない、アイヌ同士だから言える愚痴っていうのがあるのね、そういう愚痴を言ったり聞いたりして、「あっ私だけじゃなかったわ」ってほっとする、そういう場所を求めてたのね。

この「アイヌ同士」の関係性は、「命をかけた悩み」という自己の存在全体に関わる悩みを語れる全人格的な関係性であるため、お互いが「アイヌ民族」あるいは「関東ウタリ会会員」であることに基づく関係性を超えた、生身の人間同士の関係性になっていると考えられる。

その頃の関東ウタリ会での活動を、K氏は次のように語る。

あの頃は、踊りに行ってたね。どこどこから頼まれて、お金は出ないんだけど、こういうの頼まれて行ける？　って言われて、いいよって。踊りと聞いて黙ってるわけないじゃん、みたいな。

だから、最初の頃は、踊りたいから関東ウタリ会に顔を出してたみたいなところがあったわよ。難しい理屈絡みの話よりも、踊ろうよ、みんなで、みたいなさ。あの頃は毎月きちんと会議が開かれてたから、だから、午前中は会議ばっかりみたいな。頭が痛くなるような会議がいっぱいあって、で、午後から踊りの練習やろうとか、木彫りやろうとか。関東ウタリ会ってそんな感じだったから。だから、なにがなんでも話し合いはがっちり、みたいな。それぞれの意見交換があって、で、会としてはこういう方針にしようとか。個人的な良し悪しみたいなものは自分の中に留めておけばいいことであって、会としてはこうしましょうって。そうじゃないと、所詮他人同士の集まりなんだから、個人ばっかり出してたら、会議なんて成り立たないでしょ。でも、会議が面倒くさいと思ったら、「来月は私お昼からじゃなきゃ来れないわ」みたいないね。頭がぐじゃぐじゃになるから、できれば来月はこの会議から解放されたいって思うとね。そうやって、うまく自分がそこから逃げ出さないとね。だから、いまだにその延長があるから、「関東ウタリ会はうるさい」とか「堅い」って言われるんじゃない。

関東ウタリ会には、前述のような生身の人間同士の関係性が存在していた一方で、「個人的な良し悪し」を出すことなく、「関東ウタリ会会員」であることが求められる場が確かに存在していた。だが、そのような場から「解放されたい」と願う自己の存在が許容される雰囲気があったことも確かである。

関東ウタリ会の活動を通じて、K氏は、「この素晴らしいアイヌ文化」を多くの人に広めたいと思うようになっていく。「この素晴らしいアイヌ文化を見てちょうだいって。こんなに素晴らしくて、楽しいものなのよって」。そして、それが「アイヌへの偏見とか差別を無くす一番の早道」だと語る。トンコリでもいいし、踊りでも、料理でも、刺繍でも、アイヌ語でもいいけど、それをきっかけにアイヌっていう民族を正しく理解してもらうことが、アイヌへの偏見とか差別を無くす一番の早道だと思ってるから。相手のことを理解すれば、相手を馬鹿にしたりしなくなるでしょ。だから、より正しくアイヌ民族のことを知ってもらうことが大切。

ただし、そのようなアイヌ文化の「素晴らしさ」は、アイヌ文化に興味を持つようになって以来、常に深く考えていたものではなかった。それは、K氏自身が「楽しみ」でやっていくなかで「無意識のうちに」感じていたものであった。

そんなに深く、大切とかっていうのは考えることもなく、踊りも刺繍もやってきてたんだよね。踊りのためには必要な着物を作るための刺繍もできなきゃいけないし、好奇心の強さからもきてるし。でもまあ、人間って否定するものには手をださないでしょ、だから無意識のうちにでもそういうものがあったんだとは思うけど。だから、素晴らしさ、大切さっていうのは意識して考えてたことじゃなくて、楽しみでやっていくなかで、どこかで感じてたことなんじゃないかな。

さらに、「この素晴らしいアイヌ文化」を見せることのできる自己の存在を肯定できるようになる。

私が踊ってるのを見て、すごくいいものを見せてもらったとか、楽しかった、素晴らしかったって言う客席からの声を聞いて、それを見せれる私の存在がね、負のわけがないじゃないっていう、なぜ自分を否定しなきゃいけないのって。

また、「障害者への差別に対する反発もずっと幼い頃から自分の中にあった」ということが、自己意識の転換に作用していたという。

自分が差別を受けているときは、自分が居ちゃいけない存在だとしか思えなかったんだけど、たまたま他の問題で差別を受けているのを見て、なぜあの人たちを差別しなくちゃいけないのって。なんでこの人たちが馬鹿にされなきゃいけないの、それが、なんで私が馬鹿にされなきゃいけないのっていう気持ちに向かっていったというかね。障害者の人たちが否定されているのをおかしいと思う気持ちが、自分自身が否定されることの理不尽さへの反発にもつながったということなんだよね。

今後の伝承活動の目標は、自分の生活を守りながら、「これまでやってきたことをコツコツと続けていく」ことである。つまり、K氏にとって文化を守ることは、見る者のまなざしにおいて捉えられた「アイヌ文化の伝承」ではなく、生活を守ることや、前述のような家族を守ることといった具体的な生活経験と切り離せない文化を、手から手へと「バトンタッチ」していくことなのである。

アイヌは生活におわれてさ、自分の民族の楽器を伝承することも残すこともままならない時代にさ、お琴のシャモの先生がたまたま北海道に行ってトンコリを身につけたっていうがあって、私たちはその人から習っているから、一人シャモの仲介役が入ったけど、この人から後ろへはアイヌ自身がバトンタッチしてあげたいって。言葉も、全体的な会話についてはシャモの手を借りなければ残せない現実になってるでしょ。やっぱり自分の生活を守るのが基本でしょ、それで生活を守ってたら勉強なんてなかなかできそうでできないわけじゃん。でも、なんでもかんでもシャモに習うんじゃなくって、今少し生活をやりくりすれば一曲でも二曲でもアイヌの手からアイヌの手に渡すことができる。もう、コツコツしかないわけじゃん。だって、自分の生活も守りながらっていったら、やっぱりコツコツしかないから。世間に騒がれるように華々しくなんてやってたら、仕事ができないじゃん。やっぱり仕事をして生活を守らないとね。子どももちゃんと育てなきゃいけないし、それをちゃんとしたうえで文化があるっていうのかな。自分や家族を守れないで、文化や権利もないでしょ。

一二　差別に抗い続けるということ

O氏は、一九五二年、浦河町上杵臼《かみきねうす》生まれの女性で、現在、関東ウタリ会会員である。幼少の頃、アイヌ文化やアイヌ民族といったものを意識することのない「自然な生活」を送っていたと語る。

上杵臼っていう山奥で生まれたんだけど、ほとんどシャモばっかり。おばあちゃんなんかはアイヌ語を使って喋ってたけど、子どもが大人の中に混じるってことはしない家族だったから、聞いてないんだよね。アイヌ語だからとかじゃなく、大人が会話してるところに子どもは一切入れないっていう意味で。ただその頃にしてみれば、それが何語かなんてわからないんだけど。その頃は貧しかったけど、朝起きれば、ミツバ採ったり、ウド採ったり、朝の食材を採って歩くのが忙しかった。それは、自然な生活っていうかね、アイヌ文化っていうのじゃないの。これは本当に食べることの、一部分ていうかね。だから、春になればキトビロ〔行者ニンニク〕採ったりとか。うちは開拓で入ったから、本当に、最初に入ったときは、馬にね、こっちでは何ていうのかな、「ガッチャ」っていうのをね引っ掛けて馬に引っ張らせて、木の根っこをとったり、っていう畑仕事を小さいころからやってたから。あとは、薪を切ること。それをやらないと冬を越せないわけでしょ。

母親がいなかったから、それに父親も出稼ぎに行けば、子どもしかいないわけ。そうすると、子どもがやらないと、誰もやってくれる人がいないわけでしょ。だから、アイヌだからどうのこうのって言ってる暇なんかなく。

自分がアイヌ民族だということを知ったのは、小学校に入って「差別」を受けてからであった。「隣の」家まで歩いて三十分かかるO氏の幼少時代においては、学校こそが差別の場だったのである。

やっぱりわかったのは、小学校に入って、差別から。その学校には、うちらの家をいれて三軒くらいしかアイヌがいなかった。山奥の分校だから、こちらの学校みたいにすぐ近くに水飲み場があるってわけじゃないの。それで端っこから端っこまで行かなきゃいけないんだけど、水を飲んで帰ってくると、「アイヌが水飲んできた」とか「アイヌが二本足で歩いてた」とか言って。上級生とかがそう言うもんで、家に帰って「アイヌって何」って言うと、「なんでそんなこと聞くんだ」って親に怒られて、そのほうが怖かった。で、悪いことしなければ、アイヌだろうが何だろうが関係ないんだって親に言われてたから、別にそんな深くね、アイヌがどうのこうのって考えてたわけじゃない。だから、なんとなく自分が日本人とは違うんだなってのは感じてたけど、「だから何なの」って感じでね。ただね、「アイヌが水飲んでる」って言われて私は頭にきて、職員室の先生のところに行って、「先生、アイヌが水飲んでるってどういうことですか」って、先生に言いに行ったわけ、で、先生はその言った人に謝らせたの。私は七人兄弟の四番目だったから私の下にはまだこれから学校に入る子もいるわけだからね。ただ、私は小学校二年生の頃から母親が入院してたから、学校の先生が大好きだったわけ。だから先生に対する不信感ていうのは、全然なかったんだけどね。

だが、そのような差別を経験する一方で、アイヌ／和人といった区別に関係なく、友達になっていた。

シャモって言葉はね、私は千葉に来て初めて分かった言葉だから、別に日本人だとかアイヌだとかってことはない、気が合うかどうかだね。でも学校にいた同じアイヌのお姉さんもよく朝学校に行くのに、私を誘いに来てたんだよね。だから、やっぱりなんとなくウタリ同士っていうのはあったのかなぁ。同級生じゃなくてもウタリ同士が仲良くなるというか。反対に、同級生にウタリの子が一人いたけど、かえって私のことを避けてたね、自然に避けるっていうか、なんていうの、似たような顔をしてるからかな。それと、母さんがいないってことで、反対にまわりの人は、すごい優しくしてくれたの。食べるものでも何でも、「あそこの子は弁当持っていけないから、ジャガイモのふかしたのでも持っていけ」とか、「とうもろこしの茹でたのとか渡してあげなさい」って言って持たせてくれるんだけど、相手が男の子だし、私も女の子だったからなかなか受け取れないんだよね。男の子からもらうのって恥ずかしいじゃない、それで見てみるとジャガイモなのね。「これ母さんから」って持ってくるわけ。嬉しいんだけど、食べれないんだよね。その人はシャモだよ。

Ｏ氏が中学一年生の時、「上杵臼では食べられなくて」、家族で千葉県に移ることになった。

だから、もう、そのときはご飯が食べられなくなるぐらいに貧しかったのね。それで本当にご飯といえば小豆だけとか、麦だけとか。麦ご飯っていえば今でこそ健康食品みたいに言ってるけど。だから、北海道にいた頃は、ご飯らしいご飯っていうのは食べたことがないから。それだけ貧しかったっていうのかな。それで、父親は競馬場で兄貴と一緒に働き始めたの。

競馬場で働いていた父親を介して、アイヌ同士のつきあいがあった。そこには、アイヌ同士の「気楽さ」があったと語る。しかし、そのつきあいは、お互いが「アイヌ」であることを明確に意識したものではなかったという。あくまで、「気楽」につきあえるのがアイヌの人たちだったというのである。したがって、Ｏ氏は千葉県に来てからも、自分が「アイヌ」であることを強く意識したことはなかった。運動会を見に来てくれるといった日常的経験に由来する「親しさ」や「気楽さ」といった意味を与えられたアイヌ同士の関係性があったのである。

競馬場で働いてるアイヌの人が多かったの。それでしょっちゅうアイヌの人が遊びに来いって言ってくるから、遊びに行ってたりしたけど、結局、日本人の人といるよりもアイヌの人といるほうが気が楽なわけ。別に顔が濃くても、毛深くても、一切そういうことで馬鹿にしないから、ウタリのなかに入ってたほうが気が楽だった。だから兄貴の友達もウタリが多いから、仲間に入っていたの。私は千葉に来て、中学二年、三年と学校に行ってたけど、運動会なんか見にきてってて言うと、応援にきてくれたよ。今って大人もあんまり行かないじゃない。そういう人たちと知り合ったのは、別にアイヌだからってわけじゃなくて、たまたまだよね。それで、他人なのに顔が似てるわけじゃない、人からすれば兄弟に見られたりもするわけ、何で私とあんたは顔が似てるんだとろうねとか話して。「そりゃウタリだから似てるべや」って言われて、「ウタリって何さ」って聞いて、そういう会話からウタリっていうのはアイヌの仲間のことだってわかったの。別に千葉に来てからもアイヌのことがどうのこうのってこともなく、アイヌの人とつきあってきた。

O氏は、北海道を離れてからのほうが、むしろ嫌な思いをしたのであった。そして、アイヌという言葉の印象が悪かったと語る。

千葉に来てからもやっぱり顔のことで、眉毛が濃い、睫毛が長いってことで、よく「気持ち悪い」って言われたよ。北海道にいる時よりも、こっちにいるほうが嫌な思いしたよ。アイヌじゃなく、そういう顔とか、毛深いってことで。それで、うちの父さんは競馬場で働いてる頃は、他の日本人からは「アイヌのおっちゃん」て呼ばれてたの。友達が遊びに来ても、そういうふうに言うわけ、だから私も「アイヌなの？」って言われたら「何が！」っていうふうになるんだよ。そういうふうに言われるから、アイヌっていうのが良くないものだみたいに思うわけ。アイヌって言われたくないっていうような気持ちになっちゃうわけ。なんかすごく、その「アイヌのおっちゃん」ていうのが、なんて言うのか、悪口みたいに聞こえちゃうんだよね。

一九、二〇歳くらいの時、アイヌ民族の運動の呼びかけを行なったJ氏から連絡があったが、差別のことについては聞かれたくないと思っていた。アイヌ同士でいることに「気楽さ」を感じ、そのような結びつきを肯定的に受け入れていたO氏ではあるが、「アイヌ」であることを強く意識させられることには反発を感じていたのである。「気楽さ」を感じさせるウタリ同士では、「アイヌ」であることを意識させるような呼びかけがなされることはなかった。

家にJさんから電話きた時に、優しい声で、「あなたのお父さんからあなたのこと聞いてね」って言って、いきなり「今あなた、アイヌとして、差別ないかい」って言われたから、「なに学校卒業してまでね、そんな差別があるだのないだのって、人の差別を言わなきゃいけないんだ」って思ったね。だから何でここで、そんなアイヌだの、へったくれだのって出てくるんだろうっていう反感はあったわけ。千葉まで来て、そんなアイヌの差別があるかって聞いてきて、「何聞いてるんだ、このおばさんは」って思ったの。社会に出たらそういう差別はないっていう思いだったから、なんでそんなことといちいち答えなきゃいけないのって、Jさんにはすごい反発してたわけ。声を聞いたらやさしそうなおばさんで、実際に会ってみたらすごい美人だなぁって思ったの、それでJさんとはつきあうようになったんだよ。だから、顔見ないで、ただ差別の話だったら、近寄らなかったかもね。

O氏には、過去の「アイヌ」としての差別の経験を語りたくないという感覚があったため、J氏が中心になった東京ウタリ会にも「入れなかった」。

東京ウタリ会に委託された実態調査が来て、Ｊさんとか知ってる人が来るわけ、それで、本当に私の部屋の目と鼻の先の焼肉屋で新年会をやったのね、それで父さんのところにしょっちゅう遊びに来る人なんかも私を迎えに来るけど、でもそんなの嫌だよとか言って、その頃はまだ私は反発してたわけ、会費払ってやるからって言われても行かなかったの、でも、家の戸を開けると、焼肉屋を出入りしているのがわかるんだけど、それでうちの父さんがちょくちょく顔を出して、それですぐに仕事にいくのね、また仕事が終わってから焼肉屋に来るわけさ、それで何回も出入りしてるのがさ、普段親がそんなことをしてるところを見たことないから、そんなに楽しいのかなっていうのと、顔を出したいのと、でもアイヌのところに足を突っ込むのが嫌だっていうのと両方入り混じってたよ。そのときは、意地でも行かなかったの。複雑な思いで見てたわけ、どういう人が来てるのかなって思っても行かなかったわけ。それが東京ウタリ会ね。

Ｏ氏は、「アイヌ民族」「アイヌ文化」といったものに関心をもつことはなかったが、Ｊ氏とのつながりで、活動には携わっていた。

やっぱりＪさんがアイヌのために動いてるのを見て、困ってる人たちのところへ自分から出むいて行って、嫌なこと聞いてるわけだから、すごいなって思った。はじめて私がアイヌ衣装っていうのを見たのも、Ｊさんが出したお店に飾ってた衣装なんだよね。「へぇ、すごいね」って言ったら、「お前にもできるよ」って言われたの。でも、「できるわけない」って思ってたから、興味っていうか、自分で作ってみようっていう気もないし。目も悪くなるだろうから、そんな自分から目を悪くするようなことをやるなんてとんでもないって思って見てたのね。でも、それでもやっぱり、そのときの活動資金のためにマタンプシ作ったりするのを手伝ったりとかしてたのね、ただ一本いくらっていう感覚で。Ｊさんが絵を描けば、それを刺繍したりはしてたのね。それがどうなったかは覚えてないんだけど。

その後、「アイヌ」について語りたくないという感覚をもったまま、ペウレ・ウタリの会に関わるようになる。

私が入ったころにはもう、東京ウタリ会はほとんど散らばって、中野に事務所はあったけど、そんなに人は集まってなかったから。それで、Ｊさんに今のペウレに入れって言われて紹介されたわけ。でも、やっぱり私がすごい反発したの、今になってアイヌがどうのこうのってやってどうするんだって。そうしたら紹介されたペウレの人が、そういう人こそがペウレに入ってくれると助かるんだって言うの。約二、三年反抗してたのかな。

ペウレ・ウタリの会では、和人の学生が中心になって、「アイヌ語」、「アイヌ文化」、「アイヌ民族」の歴史についての勉強会を行なっていた。Ｏ氏は、「アイヌ」であることを強く意識させられることのない「気楽」な関係性を求める一方で、ペウレ・ウタリの会の勉強会では、自分のルーツとしての「アイヌ」とは何かということに関心をもったと語る。

やっぱり、自分がアイヌって馬鹿にされてきたから、アイヌって一体何なのっていうのがあるから、それで顔を出すようになったんだと思うのね。ただ差別されてるだけがアイヌじゃないでしょ。アイヌにもいいところってていうか。学校の勉強では、昔アイヌっていうのがいたらしいっていって終ってるから、それだけじゃ、今差別されてるアイヌの私がなぜいるんだろうっていうのがわからない。

そして、ペウレ・ウタリの会の会報を通じて、自分以外にも「アイヌ」としての差別を受けた人が沢山いることを知った。

ペウレでは熱心に会報を毎回送ってくれて、そこにはいろんな人の差別の話なんかが書かれているから、それでそういうのを見ると、「ああ、私と似たような経験してる人はいっぱいいるんだな」って思い知らされた。

このようなペウレ・ウタリの会での差別問題への取り組みのなかで、「アイヌ」としての差別の経験を語ることに反発を覚えていたO氏が、厳然として差別が存在し続ける現状に対して「怒り」を感じるようになり、差別解消のための運動に積極的に関わるようになっていった。

アイヌのものすごくグロテスクな絵を問題にしたことがあったの。その時に私や妹やペウレの人たちや、北海道から来てくれた人たちと抗議してたんだけど、その人たちと電車に乗ると、座るでしょ、そうするとそれまでとなりに座ってた人がね、パッと立って、サァーっと行っちゃうわけ。それで離れたところからこっちをジロジロ見るわけさ。それが私にはよくわかるわけ。そうするとね、何でこの人たちは私たちが電車に乗ると立たなきゃいけないのって。そのときはしょっちゅう呼び出しがあって、出て歩いてたから、そういうことに、すごく腹が立ったの、絶対に許せないっていうか。その問題になったやつが、ものすごくグロテスクな絵っていうか、自分のことのように思われるわけ。それが私にとっては、一番ふざけんじゃないっていう感じのことだったの。あと、水道橋で妹と二人で歩いていると、「滅び行くアイヌ民族」っていう看板が出てたの。それも、ふざけんじゃない、ここに二人も歩いてるだろって、怒りながら歩いてたの。私なんかは顔を見られるだけで、隠したって、アイヌって言われるわけで。一番酷かったのは、仕事が終って、駅降りて帰るときに、改札口で後ろから来た男の人がね、私を指差して「こいつはアイヌだぞ」って言ったのね。私、頭にきたから「アイヌだからって何だってよ!」って言ったの、そうしたらその人はさっと逃げてったのね。だから、社会に出てからのほうが差別多いね。会社なんかでも、恋愛すれば恋愛の邪魔をするし、「あいつアイヌなんだから付き合いやめたほうがいいよ」って言ったりね。そういうこと言うのって北海道出身の人なんだけどね。

ペウレ・ウタリの会の活動に非常に熱心に参加するようになってからも、自らがアイヌであることを誇る気持ちにはなれなかったという。

それは今でもならないよ。チマチョゴリを着て朝鮮学校に行ってる人たちいるでしょ、私はあの人たちが羨ましいなって中学生のときには思ったの。あれが自分の民族の衣装でしょ、それを堂々と着て歩いているのがね、すごいなって思って。だって、自分の民族を恥ずかしくなく、堂々と。やっぱりアイヌというものをまだ胸を張って誇れない何かがあるんだよね。自分の心の中では、自分に対してはアイヌであることを誇れるんだけれど、人に対してはまだ堂々と言えないっていうのがあるんだよね。本当に差別がなければ、うんと誇れると思うんだけど。

O氏がアイヌとしての自己の存在をまわりの人々に対して誇ることができなかったのは、アイヌという言葉の響きへの嫌悪感や、そのような感覚の裏返しとしての「アイヌ」であることを意識させられることのないウタリ同士の「気楽さ」といった感覚が存在していたからであると思われる。ペウレ・ウタリの会では、和人の会員の活動に違和感を覚えるようになった。

その頃、アイヌはあまりいなくてシャモが多かったんだよね。それで、そういう実際に差別された痛みを知らない人たちが、アイヌの差別問題なんていって訴えていることを聞いたりすると、反感を感じてた。あの人たちは痛みの経験のない人たちだから、もちろん差別してるわけじゃないけど、心底から話ができるわけないのね。それで、関東ウタリ会ができたでしょ。で、両方は無理だから、ペウレも行かなくなったというか。

O氏にとって、「痛みの経験」は、「アイヌ」等の言葉に固有の意味づけを与える独自の生活経験である。それは、O氏独自の経験であるがゆえに、決して他者と共有できるものではないのであり、そのことが、生身の人間としてのO氏の「理解しがたさ」を形成する。O氏は、そのような他者の異質性を容易に踏み越えようとする振舞いに反感をもっていたと考えられるのである。

一九八〇年に、東京ウタリ会が「関東ウタリ会」として再出発した。O氏はその頃には、前述のように、「アイヌ民族」を取り巻く差別に怒りを覚え、その現状を変えたいと考えていたが、その一方で、関東ウタリ会に入会することを躊躇う気持ちもあった。

私が別にアイヌって言わなくても、黙ってて一生懸命働けば食べていけるわけだし、アイヌって言われて馬鹿にされてもアイヌじゃないって言えばそれで生活ができるわけなのね。でも、そのときに母さんのお姉さんに相談したのね、そうしたら叔母さんが、「お前が生きている以上はアイヌというのは切っても切れないんだよ」って。そこに行って勉強することが、これから自分がどうしたらいいのかって考えるうえで、必ず役立つって。「お前はこれから結婚して、子どもも産んで、その子どもはまだアイヌだよ、お前が何も知らないとその子どもはお前みたく悩むことになるよ」って。

北海道を離れたばかりの頃のO氏は、アイヌという言葉の響きに嫌悪感を持っていた。その頃のO氏が「気楽な」ものとして形成していたアイヌ同士のつきあいは、そのような嫌悪感をともなう「アイヌ」という言葉で自己を捉えることを意識させるものではなかった。そのO氏が、ペウレ・ウタリの会の活動を通して、「アイヌ民族」を自己のルーツとして捉えながら、「アイヌ民族」を取り巻く差別の現状の変革を目指していったのである。しかし、関東ウタリ会に入会することをO氏に躊躇わせた「私が別にアイヌって言わなくても、黙ってて一生懸命働けば食べていけるわけだし、アイヌって言われて馬鹿にされてもアイヌじゃないって言えばそれで生活ができる」という感覚は、北海道を離れたばかりの頃のO氏が感じていたアイヌという言葉への嫌悪や、その裏返しとしての「アイヌ」であることを意識させられることのないウタリ同士の関係の「気楽さ」といった感覚とつながっているのではないだろうか。このような日常生活に特有の多様な感覚をもって運動との関わりを模索していたO氏は、叔母の言葉をきっかけにして関東ウタリ会の運動に参加する。

O氏は、関東ウタリ会の活動に関して次のように語る。

最初は、アイヌ語だの、刺繍だのっていうのがね。こっちにいれば、刺繍もしたことない人がいるわけだし、木彫りもしたことない人もいるでしょ、それが一番手っ取り早いから。その時は、アイヌの男の人も、アイヌの連れ合いの旦那さんも一緒に来るのが多かったのね。だから、刺繍やりたい人は刺繍、木彫りやりたい人は木彫りっていうことでやっていたの。男の人が刺繍やりたければ刺繍やってもいいし、女の人が彫刻やりたければ彫刻やってもいいし、女だから刺繍やらなきゃいけないってことはなかった。あとは、子どもが多かったから、アイヌ語のトランプを手作りして、子どもとアイヌ語のトランプをして遊んだ。

O氏は、当初、このようなアイヌ文化の伝承活動に関心がなかったにもかかわらず、ある出来事をきっかけに、「アイヌに生まれてアイヌのことを知らないっていうのは悔しいっていう気持ち」

が出てきた。

私は、最初からあまり関心がなく、それでね、アイヌの踊りも、第一回目の「アイヌ文化と人権の集い」かな、そのときに、私は子育てしているときだったんだけど、同じ仲間に意地悪されたの、アイヌなのにアイヌの踊りができないなんてそんな馬鹿な話はないって。確かに本当にできなかったんだよ、上杵臼でもそんなのやることないし、東京に来てからも、踊りを練習する人はやってたんだけど、子どもがちっちゃいために練習に行けなかったの。それで、その当日になったら、そういう意地悪されたの。それで、本当に悔しくって、人の見よう見まねでやったわけ。そうしたら、またそこで悔しいことに、「なんだ、お前が一番下手くそだな」って言われて、ふざけんじゃないよ、私だって一回も練習しないで、今日来て、アイヌなのに踊れないって言われたのが悔しいから踊っただけなのよって。練習もしないであれだけやったんだから、たいしたもんでしょって。そういうことがあってから、やっぱりアイヌに生まれてアイヌのことを知らないっていうのは「悔しい」っていう気持ちが出てきたのよ。最初は、刺繍もしたくないって思ってたけど、今一番どっぷり浸かってるのは私だと思う。

だが、人一倍熱心に活動するO氏も、子育ての時期には関東ウタリ会の活動を離れざるをえなかった。

最初に関東ウタリ会を立ち上げたときは、すごいたくさんいたんだよ。その中で、今一番古いのは、私。その間に子どもを生んで、子育ての時期があるから、ちょっと離れてるっていうかね、本当は離れてたくなかったんだけど、子どもを連れてるとうるさいっていう、意地悪な人もいるわけでしょ、そういうので、子どもを連れていって、子どもに嫌な思いをさせるんじゃ、行かなくていいやって気持ちで、ちょっとの間、離れてたけど、うちの人が出てた。家族単位で会員になるからね。

このような関東ウタリ会に二五年間居続けたことを、O氏は「腐れ縁」と表現するが、それは「兄弟以上の仲間」であると語る。

だから、誰かが来なかったら来ないで、みんなが心配するし。それで、本当に本音で喋れるでしょ、アイヌ同士っていうのは。腹のそこから笑って、話せるっていうの。兄弟以上の仲間がいるというのが一番だよ。

O氏にとって、関東ウタリ会は、個々人に独自の「痛みの経験」を相互に認め合うことで、「心底から」「本音で」話せる仲間たちである。上述のように、「痛みの経験」の独自性は、決して自分以外の他者と共有することができないものであるため、その関係性は、「理解しがたさ」を必然的に伴なう生身の人間同士の関係性となる。このような関係性は、「アイヌ」としての関東ウタリ会の活動に基づくだけの関係性ではなく、全人格的なものとならざるを得ない。だからこそ、そこには「会員」同士の関係性を超えた人間関係の軋轢も存在し（「それでも、随分足を引っ張られたんだよ」）、それによってO氏は一時的に関東ウタリ会を離れざるを得なくなったのであろう。O氏は、このような関係性を「腐れ縁」としか言いようがなかったのだと思われる。これは、集団の内と外とを画然と隔てる固い境界を生じさせるものではないため、類似の経験を有する他のマイノリティとの相互理解に開かれている。

関東ウタリ会は、様々な交流活動を行なってきている。

山梨で障害者の人たちと交流をもってね、踊りをやったのね。でも、障害者っていうとさ、交流できないような気持ちになるでしょう。でもね、ベッドに寝て動けないような人でも、手だけ動かして踊ったり、あとは車椅子に座った人とか、いろんな障害をもった人との交流があった。あれはすごいなぁと思ったね。下半身が動かない人でも、上半身だけで一生懸命踊ろうとしてくれてね、あれももちろんアイヌの踊りでしょ。そういう交流ができたっていうのがうれしいんだよね。だから、今は財団ができてお金でるようになっちゃったけど、昔はみんな自分のお金で動いてたからボランティアみたいにやってたの。それが財団ができてから、なくなってきちゃったから、それは残念だなぁって思うの。だから呼ぶほうも交通費ぐらいしか払えないんだけどって正直に言ってくれるから、それでもいいですよって言ってさ、みんなで楽しんでくるわけ。それが財団ができるまで、関東ウタリ会が一生懸命やってきたことなのに。関東ウタリ会はそういう場を大事にしたいの。私たちもこれまで差別があって生きてきたわけだけど、あの人たちだって差別があったと思うのね。

O氏が、アイヌ民族の運動において、文化伝承よりも「差別をなくすための運動」を先行させてきたのは、子どもたちのためであった。そして、踊りや刺繍をやっている姿も子どもたちに見せたいと思っている。

私は親がアイヌのことやってる姿を見たことはないんだけど、自分の子どもにはそれを見て育ってほしいって思うから、刺繍を一枚でも多く作ろうっていう気持ちでやってるし、アイヌのことを二五年やってるっていうのは子供に対しても誇りになってると思う。うちの下の子どもなんて、関東ウタリ会の踊りのときなんかでも、「僕もああいう着物きて踊りたい」っていうから、半纏みたいなのに刺繍して着せたしね。そうやって入っていくのが自然でいいと思うのね。でも、うちの子供にはね、お父さんが日本人だからね、別にアイヌのことやりたくなかったらやらなくてもいいよって言うんだけど、顔がアイヌだから仕方ないでしょって言ったりもするのね。娘と話してるときも、まるっきり日本人に見えるならいいけど、顔がアイヌだもんなぁっていう話はしてる。だから、アイヌとして差別されてなくても、身体的特徴で学校でも馬鹿にされて泣いて帰ってきたりしてたから、そういう面ではアイヌの気持ちっていうのは充分わかるっていうのかな。それに、お母さんが活動を楽しくやってるっていうのは、子どもも嬉しいみたいよ。今度、北海道でやる文化祭に行くんだけど、これでおいしいものでも食べておいでって、お小遣いもくれたりするからね。

子どもたちは、自分たちの生活があるために関東ウタリ会の活動に参加することはできないが、影ながら応援してくれている。O氏は、子供たちが「自分からアイヌのことを進んで活動することを期待している」。しかし、あくまで「自分から」活動をやる気になることを期待しているのであって、強制することはない。

うちの子供も手伝ってはくれるけど、現実問題としては稼がないと食べていけないでしょ、だから活動するっていうのは難しいよね。だから、小さいときは一緒に歩いて、踊ったりもしてたけど、やっぱり社会人になったら、休めないでしょ。そういう面では、協力はしたくてもできないっていうのが現状で、でも私がこうやったああやったって言うと影ながら応援してくれるからね。やっぱり小さいときから関東ウタリ会に出て踊ったりしてるでしょ、そうすると何かあったときに、行く？って聞くと、やっぱり参加はしてくれるんだよ。だからアイヌ語なんかもやってたんだけど、仕事があるから来れなくて、本人はやりたいと思ってるんだけど、仕事が休めないっていうのが現状。だけど、それは生きていくためにしょうがないっていうことだから。そのうち本人が自分からアイヌのことを進んで活動することを期待している。

一三　いま、アイヌ文化を楽しむ

L氏は、一九四八年、浦河町姉茶生まれの女性で、現在、東京アイヌ協会会員である。

L氏は、一緒に住んでいた祖母の昔話を聞いて育ち、また、幼少の頃に、伝統的な儀式を見たことが強く印象に残っている。

私は、差別を受けたというわけでもないし、特にこれという経験をしてきたわけでもないんですけどね。一緒に住んでいたおばあさんが昔話をしてくれて、それを聞かされて育ったんですよね。おばあさんと一緒に居たときは、おばあさんが、アイヌの料理が好きなもので、団子を作ったりとか、あのエハっていう豆、藪豆、を採りに一緒に行って、ご飯にまぜて炊いて食べたりとか、ラタシケップ〔混ぜ煮〕を作ろうって言って、一緒に作ったりとか、あとは、山菜を採りに行くのが好きで、山菜を一緒に採りに行ったり、昔話もよくね、聞かされたけどね。おばあさんは普段の会話もアイヌ語で、それで、よく歌とかヤイサマとか口ずさんでいたから。家族ぐるみで、近所でよくね、カムイ〔熊〕を獲ってきて、「霊送り」って言うんですか？　それは二回くらいは経験あるかなっていう感じですよね。それはね、ウタリの人がみんなね、声掛けられて、みんなで行くんですけどね、その家へ。その日、朝くらいから母とか行くんですよね。よく、こう、アイヌでは三人づきっていうのがあるんですね、団子を作る粉をついたりとか、いろんな料理を作ったりするとかね。私がまだ、四歳か五歳くらいの頃なんだよね。で、あの、料理ね、そのおいしい料理を食べてね、それはよく覚えてますね、強烈な印象がありますよね。みんな喜んでた、祭りみたいな感じでね。良い印象だったですね。

L氏は祖母や父親に連れられて「山のものとか海のものをその時々いただくこと」が好きで、そうするなかで、山に感謝したりすることが習慣として身についたのであった。

子どもの頃から、山とか川とかそういう、冬になれば父親の後についていってウサギを獲ったりとか、夏、春は、おばあちゃんに連れられて、山で山菜採りをしたりとか。そういう山のものとか海のものをその時々いただくことが、子どもの頃から好きだったね。干したり、料理したりっていうのが、今の、よく聞く、狩猟採集民族だったというものが、少しはそういう血を受け継いでいるのかなって。今でも、この辺には自然がいっぱいあるもんだから、山菜採りに行ったりとか。あとは、なんでもお祈りしていただくとか、そういうことは子供の頃からずっと身に付いて、やはり今でも、山に入るのでも、「ありがとう」っていうふうな感じでね、自然にね。なんの虫でも、なんでも命があるからと思うから、みんな共存して生きてるんだなって思う。

小学校に入ってから、「ただなんとなく自分はみんなとは違うのかなって感じはじめた」。五、六年生になってアイヌというものを知った。「なんとなくある」差別から、自分がアイヌであることを気づかされたのであった。

アイヌと和人との差別がなんとなくあるなって思ったのが、やはり小学校にあがってから。なんとなくちがうなって感じたのがね。特に石を投げられたとか、そういう経験はないんですけれど、ただなんとなく自分はみんなとは違うのかなって感じはじめた。ただ、自分の方からとけこんで行かなかったというのがあるのかな、なぜだか知らないけど。なんかいつもひっそりしてたっていうか、一人でいることが多かった。なんとなく学校に行っても、運動場でみんなとわあわあ言って遊ぶということがあんまりなかったんですよね。それで、小学校五、六年生くらいから、私はアイヌなんだなぁって、ほかの人とは違うって。特に何かを言われたとかではないんだけど、なんか、今まで話してた人たちが、ぱっと黙っちゃうとかね、そば行ったら。そういうことを経験してから、ちがうんだなって思ったんですよね。

同時に、L氏は、和人に対して悪い印象を持つようになっていく。

それというのも、私が小さい頃に、あのぅ、私が住んでた場所が「土地改良」かなんかがあったらしくて、交換ですか、それで私がとっても好きだった場所がある日突然、他人の土地になってて、私がいつもそこへ行くと大きな根っこがあったり、いろいろと遊び場所だったところがそこの近所のお金持ちのシャモの人の土地になって、で、私たちは、あっちこっちにバラバラにされて、私自身があんまりよくない土地だなって思ってた土地にされて、すごく嫌だなぁ、その変なお金持ちの和人てって、シャモの人って嫌だなぁって、勝手に私は思ってたんですよね。小学校二年生ぐらいまでは、そこのずっと昔から住んでた、おばあさんと一緒に住んでた家にいたんですけど。そうして中学生になってからも、うちの弟がその牧場主さん、うちのずっと住んでた場所にお金持ちの牧場が引っ越してきたんですね、それでそこで働いている人がうちの弟をオートバイではねたんですね。そして、補償とかそういうのは全然なくて、今でも弟は後遺症があるような状態で、それで私は恨むようになったというか。そのシャモというのは、馬鹿にして、都合のいいように、色々なね、土地でもなんかして、それでアイヌの人っていうのはそういうシャモの人にいつもいつも使われてるところしか見ないじゃない、田舎では、一日朝から晩まで働いて、一日いくらってお金もらって。私も、小学校高学年から中学生まで、田植えとか草刈とか稲刈りとかって、ほとんど学校休んで手伝いに行ったからね、そういうシャモの人の家へね、親と一緒に。それから、食べ物がいつもないから、お米を借りに行くのが私の仕事で、近所のお金持ちの家に借りにいくのよね、「貸してください」って、それが嫌で嫌で。で、なんていうか、アイヌだからっていうか、アイヌは貧乏だからって馬鹿にされるのかなって感じて、こういう、あの、差別があるようなところには居たくないなって感じて、東京の方にね、来たんですね。私がその嫌だなって思ったのには、母の言葉もすごい影響があったと思うのね。あの母の子供の頃の話とか、みんなが聞かせてくれた話とかで、土人学校っていうのが姉茶にあって、そこへ行って、何年の時だったか、それが廃止されて小学校が合併されたんだって、野深小学校っていうところにね、その時に、母さんが行くと「汚い、汚い」って唾をぺっぺ引っ掛けられたりとか、ちょっとでも触ると「ああ、汚い、汚い」ってやって、それで写真を見せてもらうといつも母の横が一人分入るくらい空いてるんですね、そういう写真が何枚かあって、そういうのがいつも頭にあってね、私は直接的にはそういうことはなかったけど、母さんの時代にはそういうね、いじめられたって話を聞くと、いつもね、なんかっていうと、その言葉が頭をよぎるんだよね。

一七歳で東京に来た頃は、「アイヌ」と書かれた文字を見ただけで、「気分悪くなる感じ」がした。アイヌにはもう関わりたくないと思っていた。浦河にいた頃によく聞いていた「アイヌのくせになんだ」という言葉が耳から離れなかったという。

それからはずっと関心がなく、もう知らないわって感じでね、暮らしてたんです。もうアイヌの「ア」の字もね、新聞とかいろんな雑誌とかで、「アイヌ」って書いた字を見るだけでも、なんていうか、気分悪くなる感じで。なんかアイヌっていうのはみんなに嫌がられるのかなって、そういういろんな住んでた土地のこととか、いろんなことで。自分の心の中にそういうことが、あったんだねぇ、アイヌっていうのは嫌がられて、差別されて馬鹿にされるのかなっていうのが、あったんだねぇ。よく、「アイヌのくせに」とか、そういうことは、よく聞いた言葉なんです。自分が直接言われたわけじゃないんだけど、間接的に言ってるのを聞いて、「アイヌのくせになんだ」っていう言葉がいつも耳から離れなかったのは確か。それで、もう関わりたくないなって思ったんですよね。東京に来て感じたことは、民族のこととか、わたしアイヌだけどとか、全然関係がないってこと。来る途中の電車の中で、今の主人と知り合ったもんですから、私はアイヌというもののの血を引いてるんですって言ったら、アイヌって何のことかわからないし、どこが違うんだっていうことで、それで、安心したというか。それで、もう一切忘れて。忘れようとして、忘れて、みんなも知らないからね。東京では、アイヌのことを知らない人ばかりだから、よかったなぁって思って。別にアイヌだよって言う必要もないし。それと、浦河はまだ、その当時は、シャモの人と結婚しようとすると、反対とかされて、今でも差別のあるところだから。家がアイヌだって知ったら、その人とは結婚するなっていう感じ。今でも、そう。

東京に来てからのL氏は、一年に一回は実家に帰っていた。実家にはヌサ（祭壇）やトゥキ（お椀）、シントコ（行器）といったアイヌ民族の祭具や民具があり、東京ではアイヌであることを一切忘れようとしていたL氏がそれらのものを見て「安心」していた。さらには、イチャルパなどにも参加していた。

やはり帰ると、うちの中にいろいろありますよね、ヌサとか、その、何て言うの、トゥキとか、シントコとか、ああいうのを見ると安心するというか。イチャルパしたり、お墓参りに行ったりとか。イチャルパはよく、母も、家でやってたから、日常的に。囲炉裏じゃなくても、ストーブで薪焚いてるでしょ。その時に、お酒注いで、パスイで捧げて、ね。私が帰ったからとか、なにかにつけて、そういう儀式はやってたからね。で、お墓も、昔は墓標、こう、棒が立ってるのがありましたよね。Tの字になったのとか、Yの字のとか、今は違うんだけど、私が帰ってた昭和四〇年代、そういうお墓。山に入る時も、入る前に必ずお祈りをして、ささげ物をしてやってたり、終わったら、また挨拶したり。キノコとか採りに行くでしょ、そうしたら、あった時の歌とか踊りとかあって、それを一生懸命ね、やったりね。そういうことをやっていながら、一歩こっちへ「さようなら」って、本州に来てしまえば、私は知りませんって感じで。

「アイヌ」と書かれた文字を見るのも嫌なほどに、アイヌであることを忘れようとしていたL氏が、実家にあるアイヌ民族の祭具や民具を見ることで感じた「安心」という矛盾に満ちた感覚は、母親をはじめとしたアイヌの人々が喜んで参加していた「お祭り」のような儀式を見たときの良い印象や、祖母や父親に連れられて山や海の幸をいただくのが好きだったという感覚がもたらしたと考えられるのではないだろうか。つまり、L氏にとってのアイヌという言葉は、一方では、「嫌な」和人からアイヌの人たちが差別されているのを目の当たりにしていた経験から、自己の否定すべきアイデンティティを示す言葉として捉えられ、他方では、幼少の頃のL氏が楽しく感じていた経験に関わる言葉として捉えられていたと考えられる。L氏にとって、アイヌという言葉は、具体的な経験に基づく多様な意味を込められたものであり、言い換えれば、アイヌ民族、アイヌ文化といったものに対するL氏の思いは、首尾一貫した論理によって理解できるものではなかったのである。

また、母親は、東京へ来るたびに、L氏に刺繍やエムシアツ（刀提げ帯）の作り方を教えた。L氏はやりたいわけではなかったが、母親に言われるまま、断ることもできずにやっていたのであった。

母が時々上京して私のところに来るたびに、いろんな刺繍のものとか、エムシアツの作り方とか、こういうふうにやってみなさいとかって、「はい、はい」とか言ってね。本当にやりたいからやるんじゃなくて、やりなさいっていうから「はい」って言って、その程度でやっていたんであって、心からやりたいと思ったのは最近なんですよね。でも、強制っていうわけじゃなくて、ただ、やってみないかぁって、見てごらんって言って、それで断るのも悪いから「はい」って言った程度で、それ以上は母もすすめないし。そんな感じでやってたんですけどね。

『私はアイヌだ』って思わなくてもいい」夫だったので、結婚することができた。子どもにもアイヌ民族のことを教えるつもりはなかった。したがって、夫や子供との関係において、自らがアイヌであることを意識することはほとんどなかったということである。

まず何の心配も、「私はアイヌだ」って思わなくてもいい。やはり北海道でいたんでは、なんていうか、やっぱり感じていたんですかね、嫌だったんですね。なぜか、今でもはっきり言えって言われてもわからないんだけど、嫌なんだよね。子供もまた何もそういうことを分からなくて、私なんかだと、子供の頃によく「毛深いね」とかね、周りの教室の人たちに触られたことがやっぱりね、すごいショックだったのね、なでられて、引っ張られたというのがね。それからかな、それから半袖とかも着なくなったし、多分そのときからかもしれないね。子供も感じてないのに、無理にこっちから言うこともないなって思いますよね。おかげさまで、子供たちは、私が気にして暮らしてたようなね、それ程はアイヌということをわからないで暮らしているからね。

しかし、子どもには『狐のチャランケ』というアイヌ文化を題材にした絵本を買い与えていた。

Ｌ氏は、自らの内のアイヌというものに対して首尾一貫しない思いがあったことを振り返る。

一つおもしろいことを発見したんですけど、最近なんですけど、本箱を整理してちょっと見たら、子供が小学校三、四年生の頃に買い与えた『きつねのチャランケ』っていう本が出てきたんですよ。どういうわけで、それを買い与えたのか、まだわからないんだけど、ねえ、不思議な本がでてきたなぁと思って、今はそれを読んだりしてるんだけどね。だから、心のどこかでは、その、なんて言うの、アイヌっていうのがあったのかな、だけど心のどこかではずっと否定し続けて、ある半面では子供に買い与えて読んできかせたりとかしてたんだよねぇ、その当時。不思議だね。

一九七四年の在京アイヌ生活実態調査で、東京都から調査を委託されていた東京ウタリ会の会員の人たちの訪問をうける。アイヌ民族のことを「嫌だな」と感じる一方で、アイヌの人たちの訪問は「うれしかった」。だが、参加することはできなかった。ここには、前述のアイヌという言葉に対するＬ氏の首尾一貫しない思いがあらわれていると思われる。

うれしかったけれど、自分からそういうところへ何か飛び込んでいくという気にはなれなかったですよね。その方たちと会って話はしたいなって思うんだけれど、東京でそうやって集まっているところに自分が出かけていくという気にはなれなかった。嫌だなって思ったんですよ。アイヌという字を見たくないという、ただただそれだけの理由で。新聞の見出しにそういうことが書いてあったら、もうパタッて閉じて見なかったりとか。だけど、その時来てくれた人とは、その後も一年、二年くらいは手紙のやりとりをしていたんですけど。その人は、その当時から一生懸命、今はどういう活動をしていますとか、ときどき書いてあったりね。来てくれたことは、うれしかった。やっぱりね、寂しいしね、なんとなく故郷の話とか聞きたいという気があったから。同じ仲間だからっていうのがあったね。だから、そういう点ではすごい矛盾した考えだよね。自分で嫌だって拒否しておきながら、本当は……。

L氏は、アイヌであることが嫌で、それを忘れようとして東京で生活する一方、実家に帰った時には、アイヌ民族の祭具や民具を見て「安心」し、アイヌ民族の「同じ仲間」の訪問を嬉しく感じるという矛盾を生きていたといえる。そのL氏が二〇〇〇年に、同郷の知人の誘いを受けて、アイヌ文化を紹介するイベントに参加したのをきっかけにして、アイヌ文化に関心をもつようになる。アイヌ文化の伝承活動に関わるようになったL氏がそこで感じていたものは、母親や祖母と一緒に過ごしていたときのことが甦るような楽しさであった。

ずっと、私はそういう子供の頃の思いがあったので、関わりあいたくなく、アイヌとか、民族とか、そういうのには関わりたくないから、あの、出てきたんですね。だから出てきてからも、ずっと関わりたくないから、知らん振りしてたんですね、妹も母もみんな一生懸命活動をして、やってるんだけれど。だけど、突然に、ある日、知人のおばさんから「近くでやってるから、遊びに来ないかい」って誘われて、行ったんですよね。何回か言われてて、今度は断れないなって。小さい時から、親戚みたいなものだったからね、たまにはお付き合いということで顔を出したっていう感じで。それで行ってみたら、「今日は団子を作るんだぁ」とか言って。その時は、そのおばさんとレラ・チセの人たちがいたんですけれど、そこでオハウ〔汁物〕作ったり、お団子作ったりして、あとは輪になって踊りですよね、その踊りに参加したんですよね、はじめてね。そうしたら、着物を貸してくれて、そしたら、とても温かいものを感じたというか。それで、この次にまた何かある時に電話するねって言われて、「はい」って言ってて、掛かってきたら、すぐ行きましたもんね。それからですよね。要するに、おばさんのやっているイベントに行ってみたのがきっかけで、この世界、今現在のね、おもしろいなっていう、いろいろやってて楽しいな、心がやすらぐなっていう、なんか昔を、母とおばあちゃんと一緒に過ごしてた頃の、甦るような感じで、それからなんですよね。そういう気持ちになってて、そうしたらそのおばさんに今刺繍の教室に行ってるから、刺繍教室に行かないかって言われて、それで「行く、行く」って言って、で、毎月一回行くようになって。そのうちに、アイヌ語もおもしろいよって言われて、行くようになって、だんだんに、行ったらおもしろくなってきて。ただ楽しいっていう感じで。

しかし、アイヌ文化に関心をもって学ぶようになってからも、アイヌ民族のことが嫌だというL氏の首尾一貫しない感覚が消えたわけではない。

自分が八重洲〔アイヌ文化交流センター〕に行き始めて、おもしろくて、実践上級講座とか、刺繍教室とか、いろいろな、アイヌ語教室とか行き始めているのに、その資料とか本とかでそこに書いてあるアイヌ紋様とかがちらっとでも見えるのが嫌で、そうしながらでも隠してたんですよ。

そのようなL氏は、昨年、I氏とともに記録映画に出演してから、「吹っ切れた」。なぜアイヌ文化の伝承活動をするようになったのかということを語る相手がいたことが、L氏に大きな影響を及ぼした。L氏は、アイヌという言葉は「人間」という意味なのだから「しょうがない」と感じるようになった。

そうやっていながらね、なんか矛盾を感じてたんだけど、今は、去年だったかな、映画学校の生徒さんたちが、Iさんと私を、記録映画に撮ったんですよね。で、その時から、吹っ切れたというか。何日か、ここにも来てくれて、ガマ刈りに行く様子を撮ったり、あとは自分の、なぜこの仕事をするようになったのか、おもしろくなったのかっていうのをお話ししたりした時から、だんだん吹っ切れてきて、今では、本なんかでも堂々と電車のなかで開けるように、恥ずかしながら、なってます。それまでもう、とにかく嫌で嫌で、気恥ずかしいというか、鞄のなかで隠して読んでた。どうして「アイヌ」っていうんだろうって思って、ほかに言い方がないんだろうかって思ったんですけど、しょうがないですよね。アイヌっていうのは、そういう意味なんだから。その時にね、自分の意思をその時はっきりと伝える人がいた、その人たちに伝えることができたんですよね。それまで、ただなんとなく悶々とやってきた、ただおもしろいからやってきたみたいな感じがあったんだけど、そういう人たちと知り合って、お話しを聞いてもらって、吹っ切れたというか。それから、もっといろんなことを学びたいって。文化、今まで伝わってきたものを、私は正しく学びたいっていうか。その変化というものは、勝手な言い分かもしれないけど、勝手に自分が嫌だ嫌だって目を瞑ってきたんだけれど、もっと早くから学びたかったなぁって、若い時からね。若い時は、暇もなかったですしね、一生懸命働いて、子育てをして。今はそういう余裕がでてきたっていう感じもあるかもしれないよね。

今では、一通り、アイヌ文化を学んでみたいと思うようになっているが、そのなかで、幼少の頃に聞いていた祖母のアイヌ語の昔話が耳に残っていることに気づく。

一通りっていうか、着物とか刺繍とか、いろんなことを学んで、チタラペ〔花茣蓙〕も作ってみたし、エムシアツも作ってみたし、アツシ〔樹皮衣〕織りもやってるし、お料理はもちろん好きだから、それはやってて、山菜採りも、いろんなことに手を染めて、言葉もそうだけど、あと、ユーカラ〔物語〕とかが、私が一緒に暮らしてたおばあさんがよくお話とかするのが好きな人で、いろんな人を家に呼んで、お友達が来たら一晩中話をね、「もう早く寝なさい」って言われるんだけど、寝ないで、そばにくっついて、懐に入って、グニャグニャグニャグニャ、それだけやってるんだよね、お友達と、で、そういうことが、ふとした時にそれが出てきてね、「ねえ、母さん、この歌のこういうのの続きってなんて言うの」って聞いたら、「なんでそんなことを知ってるんだ、わしだって知らないことを」ってね。「母さんが教えたんじゃないの」って聞いても、「わしが教えたんじゃないよ、わしだって知りたいよ」っていう、不思議なことが起こってくるんですよね。だから、きっと、小学校二、三年生くらいまで一緒に暮らしてて、懐に入って寝てたから、で、次はあの家にユーカラしに行くんだっていって、それで私はついて歩くんですね。だから、どこかそういうのが耳に残ってたのかもね。だから、それも好きだし。それで、こんな素晴らしいものがって、今では「素晴らしい」って言えるようになったんですよね。これで本当に自分も覚えて楽しいんだから、これを伝えていくんだなって思ったんですね。子供とか、今それをやりたいっていう仲間の人いるじゃない、そういう人たちとともにね、広めるっていうのは変だけど、伝えていくっていうのならいいよね。残して、伝えていきたいって。

L氏は、伝統文化を今の人が受け入れやすいようにアレンジしていくことはあってもいいが、でも自分は昔のものを変えないで伝えていきたいと語る。

私は変えないで、そのまま本当に伝えていくっていう、それは一つ曲げないで、大事で、で、また余裕があったら変えてもいいんじゃないかと思ってます。みなさんが、なんて言うかな、受け入れがたいでしょ、昔のままだと、異様な、歌にしても、着物にしても、着物でも刺繍したチンジリとか着て歩けないでしょ、普段その辺をね、お祭りの時だけで、ただそれだけのためにとっておくっていうのももったいない話だから、それをアレンジしたその模様を今風の服にアレンジするとか、半纏みたくするとか、そういうふうにするように歌もね、それでいいんじゃないかと思いますよ。ただ、自分自身は、歌とかお話は、あの、文字を持たないって言われてますよね、言葉で伝わって、それが正確に伝わってきてるでしょ、ユーカラでもカムイ・ユーカラ〔神謡〕でも、だって、どんどん曲げていったら、自分で勝手に作っちゃうわけでしょ、ウエペケレ〔昔話〕でもなんでも、あるものをね、それはそっくりそのまま残しておきたいし、だけど、そういう今風にアレンジした、現代の人に受け入れてもらえるようなものに、音楽もそうだし、刺繍もそうだし、それはいいんじゃないかなって思いますけど。

ただし、L氏自身が学びたいと思っているのは、あくまで、母親等の身近な人を介して伝わり、子どもの頃の記憶と結びついた、具体性を帯びたアイヌ文化である。L氏の場合、母親を通じて伝承をうけた物語を聞くと、子どもの頃に過ごした場所の風景が思い起こされる。

浦河にずっと伝わってきた物語を、浦川タレさんていう、うちの母とかも教わりに行ったりとかしてたおばあさんがよく知っててね、それで母に伝わって、私に伝わってという感じで、すんなり入っていけましたね。やっぱり自分が生まれ育った地方のものからですと、わりとすんなり入っていけますし、なんとなく思い出してくるような感じはしますよね。子供の頃にすごした周りの風景が浮かんでくるっていうの、お祭りにしてもね。だから、東京アイヌ協会では、同じ浦河出身の方たちがメノコの会っていうのを作ってくださって、そこでは歌とか踊りとかは私が教えてあげて、浦河のね。浦河の歌・踊りっていうのがやっぱり独特で、あの、今は皆、関東の方でやるのは、釧路方面とか阿寒湖とかあっちの方の歌・踊りが主でしょ、だけど浦河もやっぱりすごいそういうい歌・踊り、独特の歌い方・踊り方っていうのがあるんですね。だから、それを、浦河のものを広めて、皆に知ってもらいましょうってことで、ね。今はそれを仲間内でやってるんですよ。浦河はおもしろいよ。

そして、学んだことを発表する場が求められる。

これからは発表の場をどんどん設けてほしい、いろんな、あの、だから弁論大会とかすごい有難いなって、ユーカラとか覚えたりしても発表する場がないでしょ、だから、今年も来年もずっと、参加させてもらいたいなって。だから、アイヌ語の教室でも、今はウポポの時間を設けてくれて、そういうのを教えてくれたり、だから楽しいですよ。それで、そのアイヌ語教室のみなさんで、センターあたりで発表できたら素晴らしいのにねぇとか言って。

また、L氏はアイヌ文化を題材にした劇もやってみたいと語る。そこからは、アイヌ文化を心から楽しむようになったL氏の姿がうかがえる。

あとは、劇みたいな、紙芝居みたいな、紙芝居はもちろんJさんの布絵でやってるんだけど、そういう劇みたいなことをやれたらいいなっていう夢があって、そしたら、いろんな小学生とか、中学生とか、大人の人も楽しめる、そういう劇団みたいなね、そういうのいいなぁって。阿寒湖の方であるじゃない、そこまでいかなくても、何か似たようなのを自分たちで作れたらいいな、とか。そういうふうに考えたら、とっても楽しくってね。

L氏が現在東京アイヌ協会に所属しているのは、自分を誘ってくれた同郷のおばさんがそこに所属していたからであり、一つのグループに執着する気持ちはないという。

そのおばさんがきっかけで、それからどこに入ろうってこともなく行動をともにしてたら、そのおばさんがアイヌ協会だったということなの。だけど、そのおばさんも亡くなってしまってね、それからJさんと関わるようになってからは、やはりJさんの今までしてきたことが素晴らしいっていうかね、尊敬する人だなって、それはありますね。だから一緒に、同じ浦河の出身者として、一緒に学んだりね、発表したりする場所を設けてくださるから。ただ、一つのグループだけにこだわるっていうのはないですね。みんな一緒になって、それがいいと思いますけどね。だから、来るなっていわれない限り、できるだけ参加したいなって思ってます。私の願いは、たくさんの会があって、独自に練習したりしてるのはけっこうなんだけど、それはそれでいいのかもしれないけど、関東のウタリで行くっていうような場合ね、個々にそれぞれの会で毎月集まっている、その他にそういう場合に、また集まるっていうのは大変でしょ、だから、みんな一緒の同じ会にしたほうがいいんじゃないかなっていう要望はありますよね。一つにまとまって。本当は、理想はそうなんじゃないの、違う？　他の会に入っていけない面が感じられるからね。同じウタリなんだから、同じ民族、仲間なんだから、そういう入っていけない雰囲気があったりとか、それはいけないんじゃないかなって思うんですけどね。みんなで力をあわせてやっていきたいよね。

L氏には、アイヌ文化の研究者の書いた「きれいな文章」で、それぞれの人の「思い」が伝わるのだろうかという疑問がある。そして、アイヌの人々を「弱者」としてのみ捉える研究者には、差別の経験のないL氏のような人たちの思いは聞き届けられないのではないかと危惧する。これまで見てきたように、アイヌ民族やアイヌ文化といったものに対するL氏の姿勢はけっして首尾一貫したものではなかった。L氏にとって、アイヌという言葉は複数の矛盾する感覚を喚起する多様な意味を内包する言葉だったのであり、そのようなL氏の「思い」を首尾一貫した論理に基づいて理解することは不可能である。

私の場合は、今まで何も知らなかったものが学び始めて、まあほとんどその通りのことを歌でもお話でも聞くという感じなんですけど、これからは、どんどん、そういうお話を聞いたり、研究されたりする人の意見が入ったものが、きれいな文章になって、その人のもってる本当の思いみたいなのが本当に伝わるのだろうか、わかってもらえるんだろうか、そういう気持ちがあるんですね。なんて言っていいかわからないけど、たとえば私のことに関していえば、これといって、たいしておもしろい話ではないと思うの、あの、いじめられたとか差別を受けたっていうはっきりしたものがなくて、ただ漠然と私は嫌だったっていうだけで、で、嫌だ嫌だって言ってきてて、ハッキリした理由もないのにね、ただ最近になって、急に楽しくなって参加しだして、今度はいろんなものを習ったり、縫い物を習ったり、踊りを習ったり、アイヌ語をならったりして、いろんなことをして楽しい、楽しいってやってるけど、矛盾してると思うのですが、今は、アイヌとして生まれて良かったな、と。

おわりに

本書の視座の一つは、アイヌ民族の文化伝承、権利回復のための首都圏での運動において、運動の論理の世界と流動的な日常の世界とが別個に併存していること、すなわち、首尾一貫した運動の論理によって覆いつくされることのない柔軟な日常生活の営みが首都圏のアイヌ民族の運動の内に見出されることを示すことであった。そして、当事者たちによる二つの世界の往復運動を可能にするたくましい力の源泉に触れることであった。それは、特に第三部で示されるように、全体を見渡す見る者の視点にとっては矛盾としか映らない諸実践が巧みにつなぎ合わされていたことの裡に見出される。以下では、各部の要点を簡潔にまとめておきたい。

第一部で取り上げたライフストーリーが示していたことから、運動には、論理の次元の平板な言葉では捉えきれない、日常を歩む者たちの人間的実践が伴っていたといえる。彼（女）らは、けっして、論理的計算に基づいて運動に携わってきたわけではない。あくまで、その時々の生活の状況や周囲の人びととの関係を引き受けながら、柔軟に自らの実践を紡ぎ出してきたのであった。第一章のA氏の語りは、アイヌ舞踊の伝承活動において、「自分はアイヌだから」といった、運動の論理を構成する「アイヌ」としての自己の位置づけに基づいた選択がなされていないことを示している。あくまで、A氏にとって厳しかった祖父や「血」のつながりを感じさせてくれた母との具体的な関係の中から、また、「一時的にでも悩み事を消してくれる手段として与えられた踊り」という意味づけが生じる中で、踊りの伝承は続けられていくのであった。A氏は、学校での「いじめ」の経験等から「アイヌが嫌」だったにもかかわらず、祖父の指導のもとに踊りの練習をし、さらに妹とともに阿寒湖のまりも祭りに参加することを楽しんでいた。そして、母親とのつながりを感じながら「何もかも忘れて」踊っていた。このような矛盾を恐れることのない柔軟な実践は、A氏にとって「アイヌ」というものが複数の意味に開かれた豊かなものであったことを示している。それは、けっして「きれいな」一つの意味をもつ言葉に閉じ込められたものではなかったのである。そこにおいて、「嫌い」と「好き」は両立したのであった。

さらに、日常を歩む者たちの実践は、「アイヌ」／「和人」＝「弱者」／「強者」といった二分法の意味を巧みにずらす主体性を発揮する。見る者のまなざしが押し付けてくるカテゴリーは、日々の生活の柔軟な営みの中で、その都度の状況に基づく独自の意味を与えられ、捉え直されていく。しかし、このことは、両者のあいだに確かに存在する権力関係を否定するものではない。第二章のB氏は、幼少の頃、周囲から押しつけられた「土人」／「文明人」といった二分法の中の肌の色の黒さの含意に巧みにズレを持ち込むことで、アイヌの子どもをいじめる和人の子どもに対して「お前こそ土人だ」と言い放つことができた。また、B氏は、運動に携わるきっかけとなったアイヌ民族同士の関係を、「親近感の湧く」ものとして捉える。しかし、それは同時に、アイヌであることを「やめ」たくなるほどの軋轢を生じさせるものでもあった。つまり、B氏は、このような、けっして固定されることのない生身の人間同士のやわらかな関係の中から、柔軟な取組みを生み出していったのである。そして、このような多様なズレを伴なった意味づけを生じさせる歩く者の柔軟な日々の営みを、見る者のまなざしが押し付ける固定的なアイデンティティの中に閉じ込めようとすることは、大きな抑圧となる。これに関して、第四章のD氏は、アイヌ民族の「文化」や「歴史」を知っている「プロフェッショナルアイヌ」に一生懸命なろうとしていた時の「むなしさ」を語った。現在のD氏は、「アイヌだから知っておかなくちゃいけないなんて〔ことはない〕」と語る。

第二部では、日常を歩む者たちによって具体的な生活経験に基づく多様な意味づけを与えられた〈民族〉がいかなるものとしてあらわれるか、ということを主題化するライフストーリーを取り上げた。そこから見て取れるものは、神の視点という見る者のフィクションに頼ることなく、そのため、全体を見渡すことのない――文化的に同質的な全体を見出すことのない――人々が築き上げる日常的な〈民族〉の姿である。第五章のE氏が語る〈アイヌ〉＝人間としてのアイデンティティは、自己を飾り立てる固定的なカテゴリーを捨て去っていった後に残る生身の自己の性質をあらわすものであり、それは、想起された祖母の生き方と深く結びついたものであった。また、それは、被差別部落の人たちや日雇い労働の仲間たちとの生身の人間同士の関係――「人間（＝アイヌ）らしいかかわり」――の中で感じ取られたものであった。それが示すのは、「本当の私」といった自らの本質に関わるものではなく、生きた他者とのかかわりの中で感じ取られた、決してその本質ないし全体を固定し得ないE氏の躍動し続ける性質そのものである。したがって、そこにおいて、自己と他者のあいだの境界は、曖昧なものとして現れるのである。また、日常において境界が曖昧なものとしてあらわれる〈民族〉は、その内部においても同質性を構成することがない。第六章のF氏の語りからも明らかなように、見る者のフィクションにおいて同質性を構成していた「文化」の伝承は、歩く者の日常においてはズレを含んだ反復となる。F氏の伝承活動において「本当の」伝統、文化の「本質」が求められることはない。そして、〈アイヌ〉であることを示す属性が同質的に共有されるのではなく、ズレながら響きあうように拡がっていく様子は、第七章のG氏が示すものでもあった。G氏によるトンコリの演奏において、個々人の「思い」と結びついた「アイヌの精神」は、共有されて理解されるのではなく、お互いに触発し、響きあうなかでズレを生じさせながら通じ合うのであった。ここには、他者という人間の全体を見ることなく――平板な言葉で他者を固定的に捉えることなく――、眼前で躍動している生身の人間としての他者の「理解しがたさ」を間近から感得しようとし続ける共に歩む者同士の関係性があった。「アイヌの精神」とは、このような関係性において、その都度、即興的に表現される個々人の「思い」と結びついて構成されるものであるため、特定の集団によって同質的に共有されることはあり得ないのである。

このように、日常的な〈民族〉は、「血」や「文化」によって定義される明確な境界をもち、その内部においては同質性を構成する「民族」とは異なるものであった。たしかに、語り手の中には第一章のA氏のように「血」という言葉を用いる人もいたが、それは、決して、すべてのアイヌの人々が受け継いでいるもの――アイヌ民族の同質性を保証するもの――として認識されるものではなく、自分自身の文化伝承への姿勢をめぐって母親との具体的な関係性を語るのに用いられたものである。つまり、生身の他者との具体的な関係性を示すものであって、同質的な全体を指し示すものではなかったのである。このような境界が曖昧で決して同質化されることのない日常における〈民族〉のあり方を反映して、日常的な自己の位置づけは、固定的なカテゴリーへの一致を伴なうものではなかった。第八章のH氏が語る「ときどきアイヌ」というアイデンティティは、「アイヌ」／「日本人」といった二分法に縛られることへの拒絶から生じるものであった。それは、明確な境界を伴う「民族」の想像によって自己の位置づけを明らかにすることなく、自己の位置づけの曖昧さを受け容れるアイデンティティの認識である。H氏にとって、自己の位置づけは「気の持ちよう」で十分なのであった。

首都圏におけるアイヌ民族の文化・社会運動に伴なう日常の世界では、神の視点のフィクションが想定されないため、人びとの実践は、その場の状況や関係性に応じた柔軟で融通無碍なものとなった。第三部では、そのような日常の生活実践についての矛盾に満ちた語りに着目したが、それによって、語り手たちが神の視点からの平板な理解によって完結させられる存在ではないということ、あらゆる理解の枠を乗り越えて未完の生を歩む存在であることを示せたと思う。彼（女）らの語りは、彼（女）らの生身の人間としての存在が決して一義的なアイデンティティの枠内におさまりきるものではないことを明らかにしていた。第一二章のO氏は、熱心に運動に関わりながらも「別にアイヌって言わなくても、黙ってて一生懸命働けば食べていける」という感覚につきまとわれていた。第一三章のL氏もまた、北海道での「嫌な」和人によるアイヌ民族の差別を目の当たりにしていた経験からアイヌという言葉を嫌い、東京でアイヌであることを忘れて生活しようとしていたにもかかわらず、実家へ帰ったときにはイチャルパに参加し、アイヌ民族の民具や祭具を見て「安心」していた。やがて、L氏は首都圏で行なわれるアイヌ民族のイベントに参加するようになり、アイヌ文化を積極的に学ぶようになるが、矛盾がすぐに解消されたわけではなかった。アイヌ文化を学ぶことを楽しむようになった一方で、アイヌという言葉への嫌悪感は残り続けたのである。したがって、L氏にとって、アイヌという言葉は、日々の生活における具体的な経験に基づいた複数の感覚・意味を込められた多様なものとなっていたのである。このように、第三部で取り上げた人々は皆、首尾一貫しない感覚を抱えて首都圏の運動に携わってきたのであった。このような語り手たちの存在を聞き手は完結させることができない。他者の間近に身を置き、他者の矛盾に満ちた言葉に向き合う聞き手には、原理的に他者からの無限の応答が開かれている。その意味で、本書は未完なのであり、この場でなされた響きあう対話は、本研究に協力してくださった方々、本書に触れてくださった方々へと開かれ続けるだろう。

[注]

(1) 本書に収められたライフストーリーのデータは、財団法人アイヌ文化振興・研究推進機構の平成一七年度アイヌ社会関連研究助成を受けて実施された「首都圏におけるアイヌ民族の文化・社会運動と日常生活に関する研究」において収集されたものである。

(2) 道東地域におけるアイヌ文化伝承に重要な貢献を果たした人物(一九〇四—九三年)であり、阿寒湖で毎年行なわれる「まりも祭り」の創造を担った人物の一人である。その活動の歩みに関しては、[釧路アイヌ文化懇話会(編)二〇〇五]を参照。

(3) アイヌ文化を基礎として創造された祭りで、天然記念物のマリモの保護という趣旨のもとに、一九五〇年に開始される。以後毎年行なわれ、阿寒の重要な年中行事として定着し、観光行事としての役割も果たす。また、全道各地のアイヌの人々の参加を得て、第五十回まりも祭りでは参加者五〇〇名の規模となった[阿寒湖アイヌ協会(編)一九九九]。

(4) 阿寒は一九五〇年代には日本有数の観光地となる。特別天然記念物マリモをはじめ、阿寒湖、屈斜路湖、摩周湖、雌阿寒岳、温泉といった自然や、「アイヌ文化」が観光客を惹きつけている。『阿寒湖アイヌコタン』は北海道で一番大きなアイヌコタンであり、阿寒湖畔を訪れる観光客の八割がアイヌコタンに立ち寄る。阿寒湖畔には季節的な猟小屋を除けばアイヌの村落は存在しなかった。一九三四年(昭和九)の阿寒国立公園指定によって阿寒の経済基盤は林業から観光業へと転換し、山本多助といった人物等の貢献により、一九五五年「阿寒湖アイヌコタン」が造成される。アイヌコタンには踊りを見せるためのオンネチセ、伝統的な生活道具を展示するアイヌ生活記念館ポンチセがあり、民芸品店、飲食店が軒を連ねる。一九八三年には、阿寒アイヌ民族文化保存会が伝承しているアイヌ古式舞踊が、重要無形民俗文化財に指定される。一九九九年一〇月時点で、阿寒湖アイヌコタンの住民は三四戸、一〇二名[阿寒湖アイヌ協会(編)一九九九]。

(5) アイヌ(人間)の毎日の生活を護ってくれるカムイに対して感謝を捧げる儀礼であり、エカシ(長老)によって執り行われる。囲炉裏にて、イナウ(木幣)やトノト(酒)が捧げられ、アペフチカムイ(火のカムイ)を通じて、人間の感謝や願いが伝えられる。人間の願いが叶えられた場合には、さらなる感謝の祈りが捧げられるが、そうでなかった場合には、厳しい態度でカムイに対する抗議の言葉が述べられることがある。

(6) 熊は、熊という動物に化身してカムイ・モシリ(神の世界)からアイヌ・モシリ(人間の世界)にやって来て、肉や毛皮を人間に与えてくれるカムイであり、イオマンテ(熊送り)は、その熊のカムイの魂を、再訪を願いつつカムイ・モシリへと送り返す儀礼である。熊の猟は冬のあいだに行なわれ、山中の穴の中で冬眠しているものを狙う。成獣の親熊はすぐに解体され、丁重にカムイ・モシリへと送られるが、子熊は、里に連れ帰られて二、三年ほど飼育される。その後で、親熊の住むカムイ・モシリへと送られるのである。このとき、紋様が施された花矢やイナウ(木幣)、多くの食料や酒が土産として捧げられ、再訪を強く願う祈りの言葉が語られた。そして、コタンの大勢の人々による酒宴が繰り広げられ、ユーカラ(物語)が語られ、舞踊が行なわれたのであり、それによってカムイが手厚くもてなされる。このようにアイヌ民族の世界観では、イオマンテはあくまで熊のカムイの魂を送る儀礼であるため、〝殺す〟という観念は存在しなかった。

(7) 樺太アイヌのあいだに伝わる弦楽器。木を刳り貫いた胴体に天板を貼って作る。胴体の中にはトンコリの魂として玉が入れられ、各部の名称には、頭やへそなど人体の名称が付されている。

(8) 「北海道ウタリ福祉対策」の一環として、生活環境の改善のために設けられた施設。その一方で、アイヌ文化振興のための拠点ともなる。

(9) 標茶町塘路《しべちゃちょうとうろ》で行なわれる祭り。塘路湖では、秋になると沢山のベカンベ(菱の実)が採れる。

(10) 阿寒アイヌ民族文化保存会において、アイヌ民族の口承文芸の一つである英雄叙事詩をモチーフにして創作された劇であり、一九七六年には「ユネスコ・パリ日本文化祭」で公演された。

(11) カムイノミに使用するイナウ(木幣)を削って作ること。

(12) カモメヅル属ガガイモ科の植物で、アイヌ語では「ペネップ」と言われる。イケマは臭いが強いため、魔除けになるとされた。

〔参考文献〕

青木悦子　二〇〇〇『道外のアイヌ関連市民団体の現状と今後のあり方に関する研究』（〈財〉アイヌ文化振興・研究推進機構研究事業成果　報告書）。
阿寒湖アイヌ協会　一九九九『まりも祭り五十年のあゆみ』。
アンダーソン、ベネディクト　一九九七『想像の共同体』（白石隆・白石さや訳）NTT出版。
伊東一郎　二〇〇三「ポリフォニー・多声性・異種混淆」『文化人類学研究』第四巻。
上野千鶴子　二〇〇一『構築主義とは何か』勁草書房。
上村英明　二〇〇一『先住民族の「近代史」――植民地主義を超えるために』平凡社。
エリクセン、トーマス・ハイランド　二〇〇六『エスニシティとナショナリズム――人類学的視点から』（鈴木清史訳）明石書店。
大谷洋一　一九九七「道外に住むアイヌとして」『〔公開講座〕北海道文化論一三　アイヌ文化の現在』（札幌学院大学人文学部編）札幌学院大学生活共同組合。
大塚和義　一九九五『アイヌ――海浜と水辺の民』新宿書房。
一九九九「首都圏におけるアイヌ運動組織の歩み」『先住民と都市――人類学の新しい地平』（青柳清孝・松山利夫編）青木書店。
小笠原信之　一九九〇『しょっぱい河――東京に生きるアイヌたち』影書房。
小川正人　一九九七『近代アイヌ教育制度史研究』北海道大学図書刊行会。
小川正人・山田伸一（編）一九九八『アイヌ民族 近代の記録』草風館。
小熊英二　一九九五『単一民族神話の起源――〈日本人〉の自画像の系譜』新曜社。
一九九八『〈日本人〉の境界――沖縄・アイヌ・台湾・朝鮮　植民地支配から復帰運動まで』新曜社。

小田　亮　一九九五「民族という物語―文化相対主義は生き残れるか」『民族誌の現在―近代・開発・他者』(合田涛・大塚和夫編) 弘文堂。

一九九七「ポストモダン人類学の代価――ブリコルールの戦術と生活の場の人類学」『民族学博物館研究報告』二一（四）、。

二〇〇一a「生活世界の植民地化に抗するために――横断性としての「民衆的なもの」再論」『日本常民文化紀要』(成城大学大学院文学研究科) 第二二輯。

二〇〇一b「『日常的抵抗』論の可能性――異種混淆性／脱領土化／クレオール性再考」アフリカセミナー (代表者・近藤英俊) 発表原稿。

二〇〇一c「グロテスクなものとしての始原的世界――周縁性の詩学と「切断」という戦術」嶋根克己、藤村正之 (編)『非日常を生み出す文化装置』北樹出版。

二〇〇三「関係性としてのポリフォニー――複数性と過剰性について」『文化人類学研究』第四巻。

海保洋子　一九九二『近代北方史―アイヌ民族と女性と』三一書房。

萱野茂ほか　一九九七『アイヌ語が国会に響く 萱野茂アイヌ文化講座』草風館。

一九九八『アイヌ文化を伝承する 萱野茂アイヌ文化講座Ⅱ』草風館。

ギアツ、クリフォード　一九八七「統合的革命―新興国における本源的感情と市民政治」『文化の解釈学Ⅱ』(吉田禎吾ほか訳) 岩波書店。

木名瀬高嗣　一九九七「表象と政治性―アイヌをめぐる文化人類学的言説に関する素描」『民族学研究』六二（一）。

一九九八「他者性のヘテロフォニー――現代のアイヌイメージをめぐる考察」『民族学研究』六三（二）。

釧路アイヌ文化懇話会 (編)　二〇〇五『久摺 山本多助特集号』釧路アイヌ文化懇話会。

グレイザー、ネイザン、ダニエル・P・モイニハン　一九八六『人種のるつぼを越えて―多民族社会アメリカ』(阿部齊・飯野正子共訳）南雲堂。

桑野　隆　二〇〇二『バフチン――〈対話〉そして〈解放の笑い〉新版』岩波書店。

河野本道　一九九六『アイヌ史／概説―北海道島および同島周辺地域における古層文化の担い手たちとその後裔』北海道出版企画センター。

一九九九「「アイヌ」‐その再認識」『「アイヌ」‐その再認識――歴史人類学的考察』北海道出版企画センター。

コーエン、アンソニー・P　二〇〇五『コミュニティは創られる』（吉瀬雄一訳）八千代出版。

児島恭子　二〇〇三『アイヌ民族史の研究――蝦夷・アイヌ観の歴史的変遷』吉川弘文館。

サイード、エドワード・W　一九九三a『オリエンタリズム（上）』（板垣雄三・杉田英明監修、今沢紀子訳）平凡社。

一九九三b『オリエンタリズム（下）』（板垣雄三・杉田英明監修、今沢紀子訳）平凡社。

酒井直樹　一九九六『死産される日本語・日本人―「日本」の歴史‐地政的配置』新曜社。

桜井　厚　二〇〇二『インタビューの社会学‥ライフヒストリーの聞き方』せりか書房。

二〇〇五『境界文化のライフストーリー』せりか書房。

桜井　厚・小林多寿子（編著）二〇〇五『ライフストーリー・インタビュー――質的研究入門』せりか書房。

シュッツ、アルフレッド　一九八〇a『現象学的社会学』（森川眞規雄・浜日出夫訳）紀伊國屋書店。

一九八〇b「他所者――社会心理学的一考察」『現象学的社会学の応用』（桜井厚訳）御茶の水書房。

ストリブラス、ピーター、アロン・ホワイト　一九九五『境界侵犯――その詩学と政治学』（本橋哲也訳）ありな書房。

関口由彦　二〇〇四「『滅び行く人種』言説に抗する『同化』――一九二〇～三〇年代のアイヌ言論人の抵抗」『国立民族学博物館研究報告』二九（二）。

二〇〇五「新たなエスニシティ論へ向けて」『常民文化』二八。

二〇〇七「対話とエスニシティ――首都圏におけるアイヌ民族の文化・社会運動の日常性」成城大学文学研究科提出博士論文。
関根康正　一九九五『ケガレの人類学――南インド・ハリジャンの生活世界』東京大学出版会。
セルトー、ミシェル・ド　一九八七『日常的実践のポイエティーク』（山田登世子訳）国文社。
知里むつみ　一九九八「首都圏のアイヌ運動と実践」『萱野茂アイヌ文化講座II　アイヌ文化を伝承する』（萱野茂ほか）草風館。
東京アイヌ史研究会　二〇〇七『《東京・イチャルパ》への道――明治初期における開拓使のアイヌ教育をめぐって』。
トドロフ、ツヴェタン　二〇〇一『ミハイル・バフチン――対話の原理　付　バフチン・サークルの著作』（大谷尚文訳）法政大学出版局。
中河伸俊　一九九九『社会問題の社会学――構築主義アプローチの新展開』世界思想社。
野村義一　一九九六『アイヌ民族を生きる』草風館。
バーガー、ピーター、トーマス・ルックマン　一九九七『現実の社会的構成――知識社会学論考』（山口節　郎訳）新曜社。
花崎皋平　一九九六「アイヌモシリの回復―日本の先住民族アイヌと日本国家の対アイヌ政策」『岩波講座　現代社会学一五　差別と共生の社会学』（井上俊ほか編）岩波書店。
二〇〇二「現代日本における多文化共生――アイヌ民族問題を中心に」『〈共生〉への触発――脱植民地・多文化・倫理をめぐって』みすず書房。
バフチン、ミハイル　一九九五『ドストエフスキーの詩学』（望月哲男・鈴木淳一訳）筑摩書房。
原田詠志斗　二〇〇二『アイヌの治造――ふたりの男が出会わなければ、生れなかった物語』「アイヌの治造」刊行会。
バルト、フレドリック　一九九六「エスニック集団の境界」『「エスニック」とは何か―エスニシティ基本論文選』（青柳まちこ編・監訳）新泉社。
東村岳史　二〇〇二「現代における「アイヌ文化」表象――「文化振興」と「共生」の陰」好井裕明・『実践のフィールドワーク』

（山田富秋編）せりか書房。

ペウレ・ウタリの会編集委員会（編）一九九八『ペウレ・ウタリ―ペウレ・ウタリの会三〇年の軌跡』ペウレ・ウタリの会。

ベルトー、ダニエル　二〇〇三『ライフストーリー――エスノ社会学的パースペクティブ』（小林多寿子訳）ミネルヴァ書房。

ホール、スチュアート　一九九八a「文化的アイデンティティとディアスポラ」（小笠原博毅訳）『現代思想』二六（四）。

一九九八b「ニュー・エスニシティズ」（大熊高明訳）『現代思想』二六（四）。

松田素二　一九九二「民族再考―近代の人間分節の魔法」『インパクション』七五。

一九九九『抵抗する都市―ナイロビ 移民の世界から』岩波書店。

二〇〇三「フィールド調査法の窮状を超えて」『社会学評論』五三（四）。

丸山隆司　二〇〇二『〈アイヌ〉学の誕生―金田一と知里と』彩流社。

モーリス、鈴木・テッサ　一九九八「他者性への道――二〇世紀日本におけるアイヌとアイデンティティ・ポリティクス」『みすず』四四三、四四四。

二〇〇〇『辺境から眺める―アイヌが経験する近代』（大川正彦訳）みすず書房。

二〇〇三「辺境、先住民社会、権力」『アジア新世紀七 パワー』岩波書店。

山川　力　一九九五『いま、「アイヌ新法」を考える』未来社。

山口昌男　一九九〇「失われた世界の復権」『人類学的思考』筑摩書房。

二〇〇〇『文化と両義性』岩波書店。

二〇〇二a「ヴァルネラビリティについて――潜在的凶器としての「日常性」」『文化の詩学I』岩波書店。

二〇〇二b「文化記号論研究における「異化」の概念」『文化の詩学I』岩波書店。

山田富秋　二〇〇〇『日常性批判――シュッツ・ガーフィンケル・フーコー』せりか書房。

山田富秋（編著） 二〇〇五『ライフストーリーの社会学』北樹出版。

好井裕明 一九九九『批判的エスノメソドロジーの語り――差別の日常を読み解く』新曜社。

二〇〇五「日常的排除の現象学に向けて」『繋がりと排除の社会学』（好井裕明編）明石書店。

李晟台 二〇〇五『日常という審級――アルフレッド・シュッツにおける他者・リアリティ・超越』東信堂。

レラの会（編） 一九九七『レラ・チセへの道――こうして東京にアイヌ料理店ができた』現代企画室。

Banks, Marcus,1996, *Ethnicity: anthropological constructions*, London and New York, Routledge.
Cohen, Anthony P.,1994, "Boundaries of consciousness, consciousness of Boundaries-Critical questions for anthropology" in Hans Vermeulen, Cora Govers(eds.), *The Anthropology of Ethnicity-Beyond 'Ethnic Groups and Boundaries'*, Amsterdam: Het Spinhuis.
Fenton, Steve,2003, *Ethnicity*, Polity Press.
Glazer, Nathan,2000, "On Beyond the Melting Pot, 35 Years After", *International Migration Review*, 34(1).
Karner, Christian,2007, *Ethnicity and Everyday Life*, Routledge.
Ochs, E. and L. Capps,1996, "Narrating the Self",*Annual Review of Anthropology*, vol.25.
Siddle, Richard,1996, *Race, Resistance and the Ainu of Japan*, Routledge.
2002, "An epoch-making event? The 1997 Cultural Promotion Act and its impact." in *Japan Forum* 14(3).

あとがき

いつもお世話になっているアイヌの人びととのつながりは、今後、私をどこへ連れていくのだろうか。そのつきあいは、いつまで続けられるだろうか。確実なことは何もいえない。ただ一つわかっていることは、つきあいが続くかぎり、これまでと同様、お互いを変えていくだろうということである。他者と対話するということは、単に他者についての知識が増すということを意味しない。それは、言葉にし得ない他者に対する了解や、さらなる他者からの応答を生じさせるのであり、その経験は、私がもっていた自己や他者に対するまなざしを劇的に変化させてきたと思う（そのような変化を「成長」と呼べるかどうかは、ここで問うべき問題ではない）。本書は、そのようなアイヌの人びととのつきあいがもたらした現段階での成果である。それは、対話のおわりではなく、新たなはじまりを予感させている。今後は、本書に対する彼（女）らの応答に耳を傾け、本書が彼（女）らに何をもたらしたのかということが問われていかなくてはならないだろう。本書を貫くテーマであった対話の意義は、どんなに強調してもしすぎることはないと思われる。

現実に生成変容しつづけている他者に対して本書が示した理解は、彼（女）らによって乗り越えられていく運命にあり、その意味で、他者の日常のリアリティに触れようとする対話の試みは、常に未完にならざるをえない。他方で、他者を了解しようとする自己もまた、生成変容しつづけている。アイヌの人々と対話しつづける者もまた、彼（女）らと共に歩む日々の営みのなかで、一つの地点に立ち止まっていることは許されないのである。自己と他者はお互いを触発しつづけながら、その

〈あいだ〉に新しい理解を積み上げつつ、つながっている。その関係が、対話そのものであった。

また、このような対話は、本書に触れてくださった読者の方々にまで開かれている。本書が収録したアイヌの人びとの〈声〉と読者とのあいだに――そこには、私の理解が介在することになるが――新たな理解が積み上げられていくであろう。さらに、読者の方々が、実際に、アイヌ料理店「レラ・チセ」や首都圏で行われているアイヌ民族のイベント等の場に足をはこんでくださることで、現実の出会いが生じていけば、対話はより直裁に循環する。新しい理解を紡ぎだしつづける対話的なつながりがどこまでも広がり、多くの人びとを巻き込みながら循環しつづけることを切に望んで一旦筆をおくことにしたい。そして、どうか本書のおわりが新しい対話のはじまりとなりますように。


本書の出版に協力してくださった方々に記して感謝申し上げておきたい。

まずは、お忙しい中、ライフストーリー・インタビューに協力してくださったアイヌ民族の方々。いうまでもなく、これらの方々の協力があったからこそ、本書が生み出されたといえる。また、実際にインタビューすることはできなかったが、一緒にさまざまな活動に参加するなかで多くの示唆を与えてくださった方々がいたことも強調されなければならない。これからも、終わることのない対話をつづけさせていただきたいと思う。

成城大学大学院で指導教員になってくださった小田亮先生と上杉富之先生。お二人の丁寧かつ的確な研究指導のおかげで、本書のもととなる博士論文「対話とエスニシティ――首都圏におけるアイヌ民族の文化・社会運動の日常性」を書き上げることができた。また、お二人に加えて博士論文の審査をしてくださった同大学の有田英也先生にお礼申し上げたい。そして、日頃からさまざまな刺激を与えつづけてくださった大学院の先輩と後輩の皆さん。いつのまにか私の中に、博士論文執筆に必要なものを詰め込んでいただいていた。

そして、レラ・チセで一緒にアルバイトをしてきたみんな。文化人類学やアイヌ研究の専門家ではないみんなとの普段の何気ないやりとりが、本書を著すうえでのヒントに満ちていたと思う。

最後に、私の博士論文に目をとめ、その意義を認めて出版を企画してくださった草風館の内川千裕さん。手際よく種々の便宜を図ってくださったお蔭で、初めての著作の出版という事業をやり遂げることができた。また、アイヌ研究の先輩でもある内川さんとの話し合いによって、自らの博士論文の内容の理解を深めることができ、さらに大幅な加筆修正の方向性を見定めることができた。

ここには書ききれない多くの方々を含む皆さんとの対話によって、本書は成り立っている。

二〇〇七年八月一三日

東京で亡くなられたアイヌの人びとを供養する儀式と宴の余韻のなかで

関口　由彦

首都圏に生きるアイヌ民族
——「対話」の地平から

著　者　関口由彦　© Yoshihiko Sekiguchi

一九七七年、東京都に生まれる。一九九九年、立教大学文学部史学科卒業。二〇〇五年、成城大学大学院文学研究科日本常民文化専攻博士課程単位取得退学（文化人類学）。二〇〇七年、博士（文学）取得（成城大学）。現在、成城大学民俗学研究所研究員。論文「『滅び行く人種』言説に抗する『同化』——一九二〇～三〇年代のアイヌ言論人の抵抗」『国立民族学博物館研究報告』二九（二）、二〇〇四。「新たなエスニシティ論へ向けて」『常民文化』（二八）、二〇〇五。

発行日　二〇〇七年一一月一五日初版

発行者　内川千裕

発行所　株式会社 草風館　浦安市入船三—八—一〇一

装丁者　金田理恵／カバー写真　宇井眞紀子

印刷所　創栄図書印刷

Co.,Sofukan 〒 279-0012
tel/fax:047-723-1688
e-mail:info@sofukan.co.jp
http://www.sofukan.co.jp
ISBN978-4-88323-179-9